鉄道世界遺産

櫻井　寛

角川oneテーマ21

まえがき　鉄道世界遺産の旅に出発進行！

本書の校了日まであと数日という10月中旬、私のオフィスに1枚の赤い絵葉書が届いた。赤いのは絵葉書の背後を通過中の列車が赤いからだが、手前のホームには、黒の制服制帽に身を包んだ男性が、なぜか大きな犬を抱き抱え立っている。制服からして警官かしらん？　だとすれば迷子犬？　はにかんだような犬の目が家出犬を連想させるが、では、足もとの旅行カバンは誰のもの？　まさかこの家出犬の旅行カバンじゃあるまいな……。

一枚の写真からあれこれ想像したり推理することは楽しい。

と、その時、男性の制帽のマークが目に留まった。ＮＳＢとある。ノルウェー鉄道だ。ということは、警察官じゃなくて運転士！　そして背後の赤い列車は、ＮＳＢの看板列車「ベルゲン急行」で決まりだ。

ここで初めて絵葉書を裏返す。果たしてそれは、正月映画の試写会の案内状で、映画のタイトルは『ホルテンさんのはじめての冒険』。鉄道、それも「ベルゲン急行」が舞台の映画だけに、校了のことなどすっかり忘れ、いそいそと試写会場に馳《は》せ参じたことはいうまでもない。

結論である。実に面白い映画だった。定年を目前に控えた真面目一本槍《やり》のホルテン運転士が、なんと最後に乗務するはずだった「ベルゲン急行」に乗り遅れた。それがきっかけとなって次々に遭遇する予期せぬ出来事。その展開の面白さも然《さ》る事ながら、より私をスクリーンに釘《くぎ》付けにしたのは「ベルゲン急行」の走るオスロ―ベルゲン間の、美しくも厳しい車窓風景だった。

「ベルゲン急行」が走る首都オスロと、第2の都市であり世界遺産の港町でもあるベルゲン間の全長489kmと、その支線である「フロム鉄道」20kmは、世界最古の旅行会社トーマスクック社（英国）の国際時刻表編集部が推薦する「ヨーロッパ鉄道景勝ルート」に選ばれている絶景路線だ。映画を見ながら私は「ベルゲン急行」も「世界遺産」に相応《ふさわ》しい鉄道と確信した次第である。

映画『ホルテンさんのはじめての冒険』より

さて本書は、2章で構成されているが、第1章は、2008年までに「ユネスコ世界遺産」に登録された全5件の鉄道遺産。正真正銘の世界遺産である。

一方、第2章は、僭越《せんえつ》ながら私が推薦する「鉄道世界遺産」であり残念ながら現時点では「ユネスコ」に登録されていない。いわば勝手ながらの夢の世界遺産というわけだ。けれども、いつ登録されても不思議はない価値ある鉄道ばかり選び抜いたつもりである。本音を申せば、世界中に878件もある世界遺産中、鉄道がたったの5件は少なすぎる。例えば、鉄道発祥国のイギリスに、鉄道世界遺産が未《いま》だにないことが不思議でならない。これほど身近で、これほど愛されてきた公共交通が他にあるだろうか。より多くの鉄道を世界遺産に！　そんな想いを籠《こ》めて本書をまとめた次第である。

乗客の皆様、心ゆくまで〝鉄道世界遺産への旅〟をお楽しみいただけましたら、運転士、いや運転士になりそこねた作者の望外の喜びであります。

櫻井　寛

目次

［ヨーロッパ編　その2］

［オセアニア編］

［北米編］

第1章

ユネスコの鉄道世界遺産

オーストリア

セメリング鉄道

——鉄道の世界遺産第1号　１９９８年登録

２００８年現在、ユネスコの世界遺産は全世界に８７８件の多くが登録されている。

一方、世界遺産条約の締約国は１８５ヵ国。ということは、１ヵ国当たり平均４・７件の世界遺産が登録されていることになる。ちなみに日本は14件だ。もちろん、各国とも国土面積の大小もあるし、歴史も文化も異なるわけだから、この平均値は意味のないことなのだが、ここで私が声を大にして言いたいことは、全世界に８７８件の世界遺産がありながら、恥ずかしながら私の大好物である〝鉄道〟にまつわる世界遺産は5件のみなのである。ちょっと、少ないのでは？　と言いたいところだが、その内訳は、ヨーロッパが3件、インド2件。ただしインドの「インドの山岳鉄道群」は追加登録が行われ、現在では４鉄道で構成されるので、実際にはヨーロッパが3鉄道、インドが４鉄道、１駅舎の合計７鉄道1駅というわけだが、登録件数では5件となっている。

雪のセメリング峠を行くウィーン始発クロアチア行きのＥＣ（国際特急）。世界遺産にして幹線鉄道でもある。

それでは、この第1章「ユネスコの鉄道世界遺産」のコーナーでは、既登録の鉄道世界遺産5件を登録順に紹介しよう。

トップバッターは、１９９８年に鉄道の世界遺産第1号となったオーストリアの「セメリング鉄道」である。場所は首都ウィーンの南西およそ80㎞に立ちはだかるフィッシュバッハ・アルプス山中で、登録事由は「初のアルプス越えに成功した鉄道」にあった。

開通は今から１５０年以上前の１８５４年のこと。当時は英国で鉄道が実用化（１８２５年開業）されてまだ間もない鉄道草創期。誰しもがアルプスを列車が越えることなど絶対に不可能と信じて疑わない時代であった。

セメリング鉄道を代表するカルテリンネ橋。古代ローマ時代の遺跡を思わせる石組み二段積みアーチ橋である。

果敢にもそれに挑戦したのがイタリア人土木技師カルロ・リッター・フォン・ゲガであった。

彼は、勾配《こうばい》を緩やかにする、S字カーブ、列車がぐるりと一回転してしまうかのような壮大なΩ（オメガ）ループ、さらに古代ローマ時代の遺跡を思わせる17のアーチ橋、15のトンネルなど、当時としては画期的な工法を用い、6年の歳月をかけてついにこの鉄道を完成させたのである。

驚くべきことは150年以

シティシャトルの車内にて乗車券
拝見中のスター・ロバート車掌。

上も前に造られたこの鉄道が、今なお現役であること。登録名が「セメリング・バーン（鉄道）」なので、私鉄、あるいは単独の路線を連想してしまうが、実際にはÖBB（オーストリア国鉄）の本線、それも首都ウィーンと第２の都市グラーツとを結ぶオーストリア国鉄きっての幹線の一部区間である。したがって、国内線都市間特急IC（インターシティ）や、国際特急EC（オイロシティ）などが頻繁に走る路線なのだ。

雪化粧したセメリング鉄道を行くシティシャトル。いわゆる近郊列車のことで首都ウィーンへは１時間半ほど。

思えば、旧信越本線の碓氷《うすい》峠越えは、かつては世界最大のアプト式鉄道であり、改良後も幹線としては世界一の急勾配だったことから、間違いなく世界遺産級の鉄道文化財だったわけだが、１９９７年の長野新幹線開業と同時に、あえなく廃止されてしまった。

　実際には「セメリング鉄道」でも、アルプスを長大なトンネルで貫く新線の計画があり、測量工事が行われているそうだ。けれども、たとえ新線が開通しても、先達の偉業を讃《たた》え、生きた文化財として「セメリング鉄道」は残されるという。日本も大いに見習いたいもの。

　それはさておき、ウィーン南駅より「シティシャトル」（近郊列車）に乗車して「セメリング鉄道」を目ざす。列車は田園地帯を駆け抜け1時間20分ほどでグロックニッツ駅に到着した。ここからミュルツツーシュラーク駅までの41・8㎞の区間が世界遺産「セメリング鉄道」だ。

かつて峠越えに活躍したギーゼル式蒸気機関車が展示されているグロックニッツ駅を発車した列車は、それまで走ってきた線路を眼下に見下ろす壮大なΩループを、あたかもローマ時代の遺跡を思わせる石造りアーチ橋を二段重ねたカルテ・リンネ橋を、さらに全長1400mのセメリングトンネルを抜け、ミュルツツーシュラーク駅に到着する。

この間の所要時間はおよそ55分、まさに絶景に次ぐ絶景であり、車窓からでもその醍醐《だいご》味《み》は十分堪能できるが、途中下車し列車の走行シーンなどを写真撮影したい向きには、セメリング駅での下車をお勧めしたい。ミュルツツーシュラーク駅からウィーンへの帰路、峠の頂上に位置するセメリング駅にて下車すると、今から154年も前にこの鉄道を完成させたカルロリッター・フォン・ゲガのレリーフと、誇らしげな世界遺産のプレートとが

セメリング駅の世界遺産プレート。
ドイツ語と英語の併記である。

迎えてくれた。そこは山間の小駅であり、駅の前後にトンネルがあることなど、今は無き信越本線熊《くま》の平《たいら》駅をも思い出させてくれた。

セメリング鉄道のガイド役、オーストリア国鉄＆観光局勤務のブッフナーさんご一家。

DATA			
鉄道名	セメリング鉄道（Semmering Bahn）		
運営会社	オーストリア国鉄（ÖBB）		
運行区間	グロックニッツ～ミルツツーシュラーク	走行距離	41.8km
軌　間	1435mm	所要時間	約55分
運行本数	旅客列車だけで１日約40往復、内訳はＥＣ（国際特急）とＩＣ（国内特急）が20往復、他は各駅停車		
備　考	オーストリア国鉄の幹線だけあって列車本数は多いが、セメリング駅停車はローカル列車に限られる。セメリング駅からは気持ちのいいハイキングコースが多数ある。		
ＵＲＬ	http://www.oebb.at/		

インド

インドの山岳鉄道群

ダージリン・ヒマラヤ鉄道——1999年登録
ニルギリ登山鉄道——2005年追加登録
カルカ＝シムラ鉄道——2008年拡大登録

オーストリアの「セメリング鉄道」に続いて、翌１９９９年に鉄道の世界遺産第２号となったのがインドの「ダージリン・ヒマラヤ鉄道」である。ヒマラヤの高峰に抱かれ、世界的に有名な紅茶の産地を走る登山鉄道である。

始発駅は西ベンガル州のニュー・ジャルパイグリ駅。私はコルカタ（旧称カルカッタ）始発の伝統的郵便寝台列車、その名も「ダージリン・メール号」に乗車し同駅に向かったのだが、ニュー・ジャルパイグリ駅に到着し、プラットホームに降り立った瞬間、

「これに乗るんですか？」と、我が目を疑った。目の前に停まっていた列車が、遊園地の「お猿の電車」のように余りにも小さかったからだ。事実、線路の幅はたった６１０ミリ、歩幅ほどしかない。実はインドの鉄道の大半は、１６７６ミリという世界でもっとも大きな広軌を採用している。それだけに、ダージリン鉄道は、線路も機関車も何もかも、より

B792

標高2258mの最高地点駅グームにてしばし休憩する蒸気機関車。ボイラ上に水タンクを載せた亀の子型機関車だ。

朝一番のダージリン行き車内。毎日世界遺産鉄道で通学できるとは、何とも羨ましいこと。

小さく感じられるのだ。「お猿はいないけど、まるでおもちゃの鉄道」などと、憎まれ口を叩《たた》いていたら、インドでの愛称は「トイ・トレイン」とのこと。

やがて発車時刻となり、小さな客車に身を屈《かが》めるようにして乗り込み、これまた小さな座席にちょこんと座る。気分は幼稚園バスの園児である。小さいだけにスピードもまた遅い。ニュー・ジャルパイグリからダージリンまでは88km、所要時間は7時間15分なので、平均時速は12・１km。自転車はもちろん、駆け足より遅い。

世界遺産登録事由はその遅さにもあった。それもこれも１８８１年の開業以来、１世紀以上にわたってほとんど近代化されず今

青果店の軒先を通過する蒸気機関車。ちょっと手を伸ばせば〝失敬〟も可能なほどの至近を列車は駆け抜ける。

日に至っているからだ。

手で砂を撒《ま》きながら走ることなど、ユニークさは枚挙に遑《いとま》がないが、標高2258mまで駆け上る登山鉄道ながら、トンネルが1本もないこともすごい。そのお陰で全線にわたって抜群の眺望が味わえるのだ。まさに感動の世界遺産ダージリン鉄道なのである。

ニュー・ジャルパイグリ駅を発車しておよそ6時間、列車はついに標高2258mのグーム駅に到達した。始発駅の標高が200m足らずだったことを思えば、6時間かけ2000m以上登ってきたわけだ。

小休止の後、グーム駅を発車すると、それまでの一方的な上り勾配から下りに転じた。つい先ほどまでは苦しげな吐息を吐いていた蒸気機関車だが、下り坂とあって口笛を吹くかのような軽快な走りである。ここから終点のダージリンまでは30分ほど。ダージリン鉄道の旅も残りわずかとなり、その安堵《あんど》感から舟を漕《こ》ぐ乗客も多いが、他の区間は居眠りしても、ここグーム―ダージリン間だけは頑張って進行方向左側の車窓に注目したい。なぜなら車窓から、世界第３位の高峰カンチェンジュンガ（８５９８ｍ）を望むことができるからだ。ここまで乗り続けて世界の屋根ヒマラヤを見逃す手はない。

ダージリン鉄道の終点ダージリンは標高２０００ｍに位置する英国統治時代からの高級避暑地である。盛夏（７月）でも平均気温は16度とすこぶる快適であり、いわゆるインド象とジャングルに代表される熱帯の国というイメージとはまったく異なるインドがここにある。カンチェンジュンガ峰が列車の車窓から眺められることは前述したが、標高２５９０ｍのタイガー・ヒル展望台に登れば、かのエベレストさえ遠望できるのである。

そして、ダージリンといえば世界一、二を競う高品質なダージリンティーの産地でもある。最高級茶葉ともなれば、１キロ当たり数十万円もするそうだ。そんなダージリンのコロニアル様式のホテルにて、英国伝統のアフタヌーンティーを味わう気分は最高だ。ダージリン鉄道は、その紅茶を運ぶために、１８８１年に敷設されたのである。

２００５年には「ニルギリ登山鉄道」が世界遺産に追加登録された。同時に登録名は、「インドの山岳鉄道群」に変更された。その時、私は大いに驚いた。予想もしていなかったどころか、乗ったこともなく、どこにあるのかさえ知らなかったからだ。なぜなら鉄道の世界遺産は05年の時点では計４件だった。国別の内訳では、オーストリア1件、ハンガリー1件、そしてインドが２件なのである。鉄道発祥国イギリスも、世界一の登山鉄道を誇るスイスも、高速鉄道のパイオニアの日本も、鉄道の世界遺産はゼロである。それなのにインドだけが２件で、さらに「ニルギリ登山鉄道」が追加されるとは、いささかバランスを欠くのではなかろうか。以上が予想できなかったことに対する言い訳の弁である。

けれどもこれは、インドの作戦勝ちと見た。ニルギリ登山鉄道が単独で世界遺産に登録されたのではなく、先に世界遺産になった「ダージリン・ヒマラヤ鉄道」とともに「インドの山岳鉄道群」として追加登録されたのである。なーるほど、単独で無理なら追加という手があったのだ。

かくして私はニルギリへと向かった。まず、どこにあるかだが非常に説明しにくい。というのも日本では馴染《なじ》みのない地名ばかり登場するからだ。まず日本からはニュー・デリ

ディーゼル機関車に後押しされてウエリントン橋を渡る列車。牽引ではなく推進運転が登山鉄道の安全セオリー。

一方下り勾配では逆にディーゼル機関車が先頭となる。万が一連結器が外れても機関車がストッパーになるからだ。

信号機を操作するサリー姿の女性。
実はウエリントン駅の駅員さんだ。

ーを経由し、インド南部のコーチン空港に降り立ち、エルナクラム駅からインド国鉄の急行列車でおよそ5時間のコインバトゥール着。そこから車でメットゥパーラヤム駅へと向かいニルギリ鉄道に乗車した。終点はウーティ（ウダガマンダラム）である。耳に覚えのある地名はニュー・デリーとコーチンくらいのものでは？

ともあれ、初めて乗るニルギリ鉄道は新鮮だった。全長は46㎞とダージリン・ヒマラヤ鉄道のほぼ半分と短いながら、メットゥパーラヤム―コンノール間はラック式の本格的登山鉄道、以降は比較的平坦《へいたん》な高原を走る山岳鉄道と二つの顔をもつ。車窓風景も熱帯のジャングルあり、茶畑ありと変化に富み、ダージリン鉄道とは異なる魅力に満ちていた。

ところがである。２００８年には、さらに「カルカ＝シムラ鉄道」が拡大登録された。これまた寝耳に水であり、これまで世界83ヵ国の鉄道を取材している私でさえ、恥ずかしながら、どこにあるのか、どんな鉄道か皆目見当がつかない。結局、本書の締め切りに間に合うはずもなく、未乗車は口惜しい限りだが、インドの快進撃は留《とど》まることを知らない。なぜなら、次なる世界遺産登録を目ざすインド政府の暫定リストには、これまた未知の「マテラン丘陵鉄道」の名が載っているからだ。

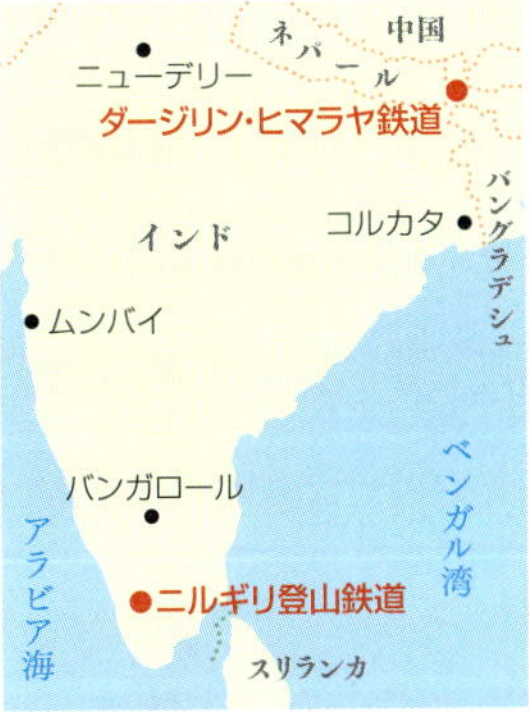

DATA			
鉄道名	ダージリン・ヒマラヤ鉄道		
運営会社	Darjeeling Himalayan Railway		
運行区間	ニュージャルパイグリ～ダージリン	走行距離	88km
軌間	610mm	所要時間	7時間15分
運行本数	1日1往復、他に区間列車あり。1往復の定期列車はディーゼル化されたが、区間列車は今なお蒸気機関車が牽引する。		
備考	蒸気機関車は1881年開業当時から活躍するサドルタンク式機関車。ボイラーの上に水タンクを載せたユニークなスタイルで、日本語でのニックネームは「亀の子」。		
URL	http://www.dhrs.org/		

DATA			
鉄道名	ニルギリ登山鉄道		
運営会社	Nilgiri Mountain Railway		
運行区間	メットゥパーラヤム～ウダガマンダラム	走行距離	46km
軌間	1000mm	所要時間	4時間30分
運行本数	全線直通は1日1往復、他に区間列車1日3往復		
備考	ニルギリ登山鉄道はインドの南部に位置することから猛暑を連想しがちだが、途中のラブデール駅は標高 2345 m、10月から1月にかけての冬は氷点下まで冷え込むこともある。		
URL	http://indianrail.gov.in/hill_2.html		

ハンガリー

ブダペスト地下鉄Ｍ１号線

――２００２年「アンドラーシ通りを含むブダペスト歴史地区」の一部として追加登録

ハンガリーの首都ブダペストには「メトロー」と呼ばれる地下鉄が走っている。古いほうから順に、Ｍ１、Ｍ２、Ｍ３号線だが、その中のＭ１号線（別名フランツ・ヨーゼフ線）が、２００２年に世界文化遺産「アンドラーシ通りを含むブダペスト歴史地区」の一部として追加登録された。アンドラーシ通りの地下を走っているのがまさにＭ１号線なのだ。

開業は１８９６年５月２日。ハンガリー建国１０００年を記念しての開通であり、ロンドンに次いで世界２番目の地下鉄という歴史を誇っている。しかしながら着工はロンドンより早く、着眼点では世界一早かったことになる。しかもロンドンの地下鉄は、煤煙《ばいえん》濛々《もうもう》たる蒸気機関車で開業したのに対し、ブダペストでは最初から電化、つまり電車の地下鉄として開業した。したがって現代の地下鉄の元祖となったのがブダペスト地下鉄Ｍ１号線

デアーク駅を発車するメキシコ大通り駅行きのM１号線。
当時のモーターが大きかったので台車もまた巨大である。

デアーク駅構内の地下鉄博物館。入場料は250フォリントだがブダペストカード（1日乗車券）提示で入場無料。

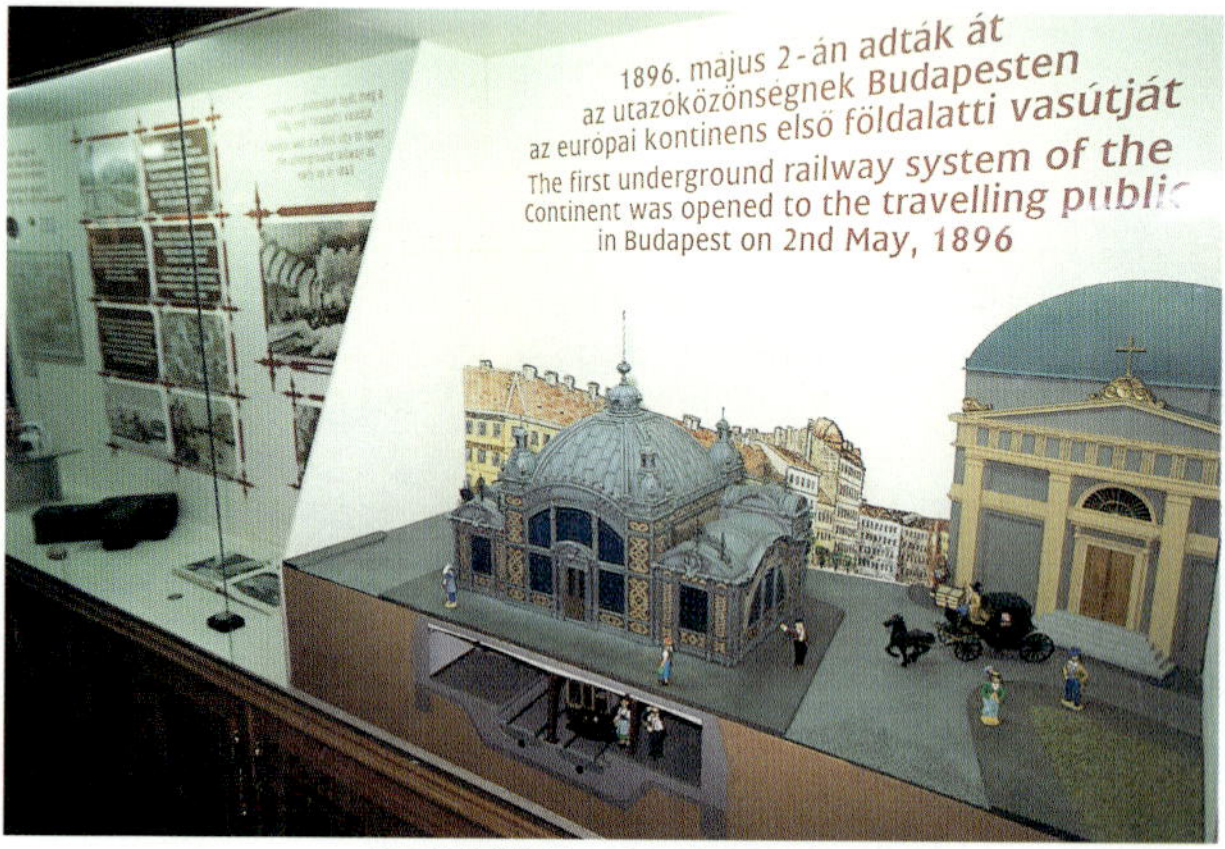

地下鉄博物館には開業当時の木造電車の他、地下鉄の模型も展示されている。道路を掘り下げたことが伺われる。

であり、世界遺産の解説にも「今日の地下鉄システムの始祖」「ヨーロッパ大陸最初の地下鉄」と記されている。

それではさっそく、M1号「フランツ・ヨーゼフ線」に乗ってみよう。起点はドナウ川にも近いヴルシュマルティ駅。優雅で古風な地下鉄入口の階段を降りて驚いた。なんと、ほんのちょっと降りただけで、もうそこはプラットホームなのである。地上から3mほどの深さであろうか。なにしろプラットホームには、今降りてきたばかりの入口から、太陽の光が差し込んでいるほどなのだ。

始発駅のヴルシュマルティ駅から終点のメキシコ大通りまでは3・7㎞。その間に11駅あるのだが、どの駅も浅く、中にはプラットホーム上の天窓から道行く人の足が見えるほど。この地下鉄はトンネルを掘ったのではなく、道路を掘り下げて、地下鉄を通してから蓋《ふた》をした地下鉄なのだ。例えば東京の都営地下鉄大江戸線は深いところを走っていることで有名だが、最深部は六本木《ろっぽんぎ》駅で地下42・3m。それに対して、ブダペスト地下鉄は地下3—4m。なんて微笑ましく、かつ可愛らしいのだろう。

日光浴が可能な地下鉄、それが世界遺産ブダペスト地下鉄M1号線であった。そればかりではない。ここブダペストにはユニークな交通機関が数多い。どれも世界遺産に推薦し

世界遺産アンドラーシ通りの地下鉄入口。階段をちょっと降りるとホームがあり、電車はごく浅いところを走る。

たい乗り物たちだ。その多くが、「ブダペスト・カード」1枚で乗車できる。私が購入したのは48時間有効券で、6500フォリント。日本円で約4300円なので、1日当たり2000円程度で地下鉄、トラム（市電）、バス、トロリーバス、ヘーヴ（国電）など、ブダペスト市内の交通機関が乗り放題となる。さらに60以上の博物館、美術館、遊園地などの入場料も無料といううれしいおまけ付き。私はこのカードを駆使し世界遺産都市ブダペストの市内観光に出かけた。

まず向かった先が温泉である。ハンガリーは有数の温泉国であり、ブダペスト市内だけでも100以上の源泉とおよそ50の浴場があるという。私が行ったのはブダペストでも最大規模のセーチェニ温泉。地下鉄M1号線のまさにセーチェニ駅下車目の前と聞いていたが、温泉とはとても思えない、宮殿か博物館然とした堂々たる建物に、完全に入口を見失ってしまったほどである。

迷ったものの、水着に着替え無事入浴する。セーチェニ温泉は多数のプールがあるが、屋外のプールはどれも十分泳げる広さだ。そこで平泳ぎした途端、係員に注意されてしまった。水泳していいのは中央プールのみ。そこでは水泳帽要着用となる。なお温泉はもっとも熱いプールで38度。日本人としては物足りない温度だが、だからこそ温泉に浸かりながら、のぼせずにチェスができるのだろう。

温泉の後は、ブダペスト市民の台所、中央市場にやってきた。場所はドナウ川に架かる自由橋の東岸で、1890年に青果市場として建てられた3階建ての巨大な建物である。ブダペスト市民がどのようなものを好むか、しばしウィンド・ショッピングを楽しんだ後、中央市場2階のレストランにてハンガリー料理のランチを堪能する。オーダーしたのは、まずハンガリーを代表するスープ、グヤーシュ。煮込んだ牛肉と野菜の風味が濃厚なスープだ。続いてメイン料理には、トゥルトゥット・カーポスタを食す。最初は何の料理か見当もつかなかったが、英語でロール・キャベツのことだそうだ。なるほど、カーポスタがキャベツのことらしい。

　さて、暮れ泥《なず》むころにはドナウ川クルーズへと繰り出す。母なる大河ドナウの東岸がペストであり、西岸がブダ。二つの街を合わせてブダペストだ。

　ブダの丘に聳《そび》えるのが王宮であり、その眼下の橋が有名なくさり橋である。ブダとペストとを結ぶ初の橋として1839年から10年の歳月をもって完成した吊橋《つりはし》だが、独立戦争、第一次大戦、第二次大戦、ハンガリー動乱、社会主義との決別など、ハンガリーの歴史を見守ってきた橋でもある。

DATA			
鉄道名	ブダペスト地下鉄M１号線		
運営会社	Budapesti Közlekedési Reszvenytarsasag		
運行区間	ヴルシュマルティ広場～メキシコ通り	走行距離	3.7㎞
軌間	1435㎜	所要時間	11分
運行本数	頻繁２～５分間隔		
備考	M１号線とM２、M３号線が交差するデアーク・テール駅には地下鉄博物館が併設されており開業当時の木造電車などが保存されている。ブダペストカード提示で入館無料。		
URL	http://www.bkv.hu/		

インド
ムンバイ・チャトラパティ・シヴァージー・ターミナス
――2004年登録

2004年に、世界遺産に登録されたのが、ムンバイ（旧称ボンベイ）の巨大鉄道駅、「ムンバイ・チャトラパティ・シヴァージー・ターミナス」である。

登録事由は「インドにおけるヴィクトリア様式建築の傑作」であり、設計はイギリスの建築家フレデリック・ウィリアム・スティーブンス。1878年より10年の歳月をかけ1888年に完成した。この駅には旧称があり、世界遺産のプレートにはそれも併記されている。その旧称とは「ムンバイ・ヴィクトリア・ターミナス」。言うまでもなく、英国のヴィクトリア女王の名を冠した駅だったのだ。

64年間という英国史上最長の在位期間を誇ったヴィクトリア女王は、英国のみならず、1876年から1901年に没するまで、インド女帝の称号も併せもった。歴史的にもこの駅は、大英帝国の全盛時代にヴィクトリア女王の威信をかけて造られた壮大な駅という

堂々たる威容を誇るムンバイ・チャトラパティ・シヴァージー・ターミナス。駅舎では世界唯一の世界遺産である。

駅構内やプラットホームは失礼ながらごく当たり前のインドの汚い駅である。停車中の電気機関車はましなほう。

わけだ。ちなみに現在の駅名「チャトラパティ・シヴァージー」とは、ヒンドゥーの英雄の名であり、1996年に改称された。

インドには鉄道の世界遺産がすでに3鉄道あり、いささかバランスに欠けるとは誰しも思うところだろうが、「ダージリン・ヒマラヤ鉄道」も、「ニルギリ鉄道」も、「カルカ＝シムラ鉄道」も、そしてこの「ムンバイ・チャトラパティ・シヴァージー・ターミナス」も、いずれも大英帝国の植民地時代に、英国の国益のために、英国人によって造られたものばかりだ。そのことを考えると、「インドばかりがなぜ世界遺産に？」とは、言えなくなってしまった。

しかしながら、もしも、ダージリン・ヒマ

駅前には種々雑多な店が軒を連ねる。一見、何を売っているのか分からないところが不思議の国インドならでは。

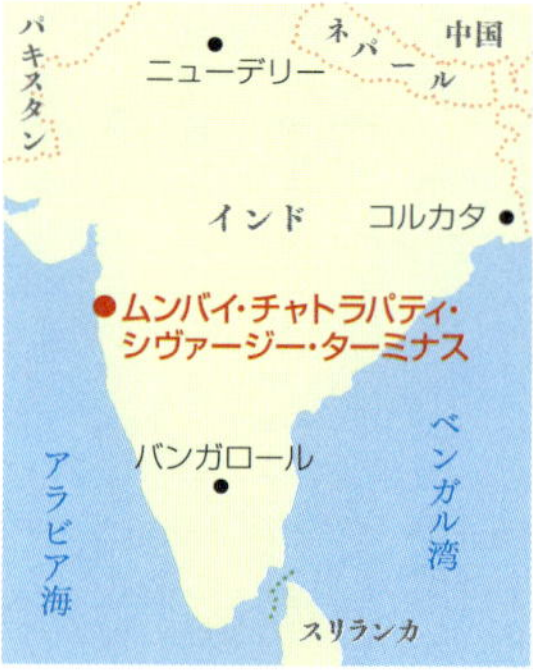

フレデリック・ウィリアム・スティーブンソン設計のファサード。

ラヤ鉄道が、英国本土やアメリカ、あるいは日本の鉄道だったら、１８８１年の開業から１２７年後の今日まで、何も変わらず生き長らえたであろうか。おそらく１００％廃止されたことだろう。インドだったからこそ、１００年変わらず走り続けたのではなかろうか。そんなインドの懐の深さに感服した次第である。

ところで、「ムンバイ・チャトラパティ・シヴァージー・ターミナス」だが、さすがに世界遺産だけあって、すこぶる壮大かつ荘厳な外観の駅舎なれども、一歩、駅構内に入ると決して美しくはない。万人が往来する駅なのだからある程度は致し方ないとも思うが、プラットホームの下が公衆トイレと化しているのはいただけない。同じインドの世界遺産「タージ・マハル」の内部には塵一つ落ちていないのだから。

DATA	
駅　名	ムンバイ・チャトラパティ・シヴァージー・ターミナス
運営会社	Indian Railways
所在地	マハラシュトラ州ムンバイ（旧称ボンベイ）
軌　間	1676㎜
列車運行	ムンバイの中心部に４つあるターミナルの一つで、デリー、バナラシ、ハイダラバード、ゴア方面への長距離列車が発着するほか、豪華列車「デカンオデッセー号」の始発駅。
備　考	英国統治時代の駅名はムンバイ・ヴィクトリア・ターミナスだが今も通じる。現在の名も旧称も長いので、実際には頭文字のＣＳＴ駅、あるいはＶＴ駅と呼ばれている。
ＵＲＬ	http://www.mumbai.org.uk/victoria-terminal.html

スイス
レーティッシュ鉄道 アルブラ／ベルニナ線
――2008年登録

2008年7月7日、カナダのケベックにて開催されていた「ユネスコ世界遺産委員会」において、ついにスイスの鉄道が世界遺産に認定された。登録名は「レーティッシュ鉄道アルブラ線／ベルニナ線と周辺の景観」である。スイスにはすでにベルン旧市街、レマン湖畔、ユングフラウや氷河など幾つもの世界遺産があるが、鉄道では初となった。登録が決まった瞬間、私は快哉《かいさい》を叫んでいた。なぜなら、世界中に鉄道は数あれど、鉄道の世界遺産は、他国に先駆けて、まず第1号は鉄道発祥の国イギリスの鉄道に、続いて、第2号には世界一の山岳鉄道網と、鉄道密度を誇るまさに鉄道王国スイスの鉄道に、鉄道世界遺産登録の栄誉に輝いてもらいたかったからである。

そんな私の願いは、機会あるごとに「勝手ながらの世界遺産」とか「私の推薦する世界遺産鉄道」と題し、新聞や雑誌に書かせていただいていた。それは、ユネスコへのラブコール

アルブラ線の名所、高さ65mのランドヴァッサー橋を行くベルニナ急行。レーティッシュ鉄道の看板列車である。

であり、プレッシャーのつもりだった。けれども、イギリスの鉄道もスイスの鉄道も世界遺産に登録されることはなかった。それまでに鉄道の世界遺産の栄誉に輝いた国は、オーストリア、インド、ハンガリーの3ヵ国のみだったのだ。

ずばり、第1号はイギリス、第2号がスイス……を期待していた私だけに、この結果には大いに落胆していたのだが、そこに、今年の世界遺産は、スイスの「レーティッシュ鉄道アルブラ線/ベルニナ線と周辺の景観」と発表されたものだから、うれしいのなんの。ようやく溜飲《りゅういん》を下げた次第である。なおインドの鉄道はいずれもイギリス統治時代の文化遺産である。その点では、鉄道発祥国イギリスの文化遺産と言えなくもない。いずれにせよ遅ればせながらも、ついにスイスの鉄道が世界遺産となったのだ。ということで声を大にして、「祝! レーティッシュ鉄道世界遺産登録」なのである。

では、「レーティッシュ鉄道アルブラ線/ベルニナ線」の旅をスタートしよう。

アルブラ線の起点は、スイスの東部に位置するグラウビュンデン州の州都クールである。古くから交通の要衝地であり、クール駅には、SBB(スイス国鉄)、RhB(レーティッシュ鉄道)のアルブラ線、アローザ線なども乗り入れている。

ベルニナ線はブルジオのオープンループ橋を駆け上がる。
イタリア国境も近くこの付近ではイタリア語が公用語だ。

お勧めの列車は、クール駅を午前8時台に発車するレーティッシュ鉄道の看板列車「ベルニナ急行」ティラノ行きだ。２００８年の夏ダイヤ（5月10日—10月19日）は8時28分発で、冬ダイヤでは8時58分発に繰り下がる。本稿では年間を通じて運転される冬ダイヤの時間帯でアルブラ線／ベルニナ線の旅をご紹介しよう。

「ベルニナ急行」の編成は、1等車2両、2等車4両の合計6両編成。その車両は1、2等ともにオール・パノラミック・ワーゲンである。なお、終点ティラノまでの所要時間は4時間少々なので、食堂車はないが、飲み物、軽食、グッズのワゴン販売がある。

クールを8時58分に発車しおよそ30分、開けた谷を快調に飛ばしていたが、9時28分にトゥジィズ駅に停車。いよいよ、この先が世界遺産登録区間である。9時30分に発車すると、間髪を入れず険しい峡谷へと分け入った。足下の流れはライン川の支流アルブーラ川で、峡谷名もアルブーラ峡谷である。なお、今回世界遺産に登録された区間は、ここトゥジィズ駅からサンモリッツ駅を経由してティラノ駅へと至るおよそ130kmである。

トゥジィズ駅を発車し数分後にソリス橋を通過する。川底からの高さ89mという「ベルニナ急行」が通過するもっとも高い橋である。ただし、川底はあまりに深く見えにくいので恐怖心は感じられないまま通過してしまう。恐いのは、ソリス橋を過ぎ、ティーフェンカステル駅を発車後のこと。進行方向右側の車窓に注目したい。時刻は9時57分ごろ。「氷河急行」「ベルニナ急行」共通のハイライト、ランドヴァッサー橋を通過するのだ。100年以上前の1902年に完成した高さ65mの石造り6連アーチ橋で、橋そのものが大きく右カーブしているので、右の車窓からアーチ橋の全容を望むことができるのだ。橋の対岸は垂直に屹立《きつりつ》する岩山で、列車がその胎内に吸い込まれて行く様も迫力満点である。そして足下の流れはアルブーラ川、高所恐怖症でなくても腰がワナワナ震える高さである。

ハイライト区間はさらに続く。その先、ベルギュン―プレダ間では列車が4回転するスパイラル線と、二つのΩループによって416mの高度差を駆け上がる。スパイラルとは螺旋《らせん》状の意であり、まさに列車がグルグル回転するのだ。プレダからは全長5865mのアルブーラトンネルで峠を一気に越える。トンネルを抜けるとそこはエンガディン地方。スイスの4番目の公用語ロマンシュ語が息づいている地方でもある。10時46分、サメダン駅到着。「ベルニナ急行」はティラノへ向かう線路を南下するが、サンモリッツ方面は乗り換えだ。サメダンから5㎞、時間にして8分で到着するのが冬季オリンピックを二度開催したウィンターリゾート、サンモリッツである。

サンモリッツは駅前にサンモリッツ湖が広がる風光明媚《めいび》なリゾート。ぜひ途中下車をお勧めしたい。湖畔をしばし散策した後、サンモリッツ駅12時45分発の各駅停車ティラノ行きに乗車する。同じレーティッシュ鉄道だが、サンモリッツ駅まではアルブラ線、この先はベルニナ線となる。ベルニナ線は全長61㎞、各駅停車の所要時間は2時間40分。ちなみに「ベルニナ急行」なら2時間15分と多少早いが、こと、ベルニナ線は長いトンネルはほとんどなく、ほぼ全線にわたって風光明媚な車窓が展開する。所要時間が長いほうがお得というわけだ。

氷河湖ラゴ・ビアンコ湖畔を行くベルニナ線の普通列車。
この付近で標高2253m。レーティッシュ鉄道の最高地点。

サンモリッツを発車して20分ほどのポントレジーナ駅を13時04分に発車すると、やがて標高は２０００ｍの大台を越えた。それまで沿線の主役だった針葉樹の森は消え失《う》せ、樹木のない車窓風景に変化する。どうやら森林限界を越えたようだ。

そのころ、進行方向右側の車窓に氷河が現れた。モルテラッチュ氷河である。頭上に屹立するのが、ベルニナ線の由来となった、ベルニナ・アルプスの主峰ピッツ・ベルニナ山（標高４０４９ｍ）である。続いて、氷河湖ラゴ・ビアンコが、進行方向右側の車窓に寄り添う。イタリア語で白い湖の意だが、白濁した淡いブルーともグリーンともつかぬ水色は、氷河湖ならではの神秘的な色合いである。

その氷河湖ラゴ・ビアンコの対岸上方が、カンブレナ氷河である。列車は湖畔に沿って右に左にカーブをきりながら、オスピツィオ・ベルニナ駅に停車する。ベルニナ線の最高地点駅（２２５３ｍ）であり、アプト式などの登山鉄道以外、つまり通常の鉄道ではヨーロッパ最高所駅でもある。発車すると、心なしか列車の速度がアップし足取りも軽やかになった。サンモリッツを発車して以来、一方的な上り勾配から、下りに転じたことが実感できる。列車はたった今、アルプスを越えたのである。

13時46分、アルプ・グリュム駅に停車する。アルプスの少女が住んでいるかのような可愛らしい駅舎である。その壁面に掲げられた駅名を見て驚いた。カタカナで「アルプ・グリュム駅」とあったからだ。実はレーティッシュ鉄道と、神奈川県の箱根登山鉄道とは姉妹鉄道で、他にもサンモリッツ駅などに日本語の駅名板が掲げられているのだ。その一方で、日本の箱根登山鉄道には、「ベルニナ号」「サンモリッツ号」などが走っている。

そのアルプ・グリュム駅を発車すると、列車はヘアピンターンを繰り返し、谷底へと下って行くが、その間に遠望できるのがパリュー氷河である。ベルニナ線の車窓からは、モルテラッチュ、カンブレナ、パリューと、合計三つの氷河が観賞できるというわけだ。長い下り坂を駆け降り、14時27分、ポスキアーボ駅に到着する。駅名が物語っているように、もうここはイタリア語圏である。そしてベルニナ線名物の路面電車のように道路上を走るのもこの付近だ。さらに列車が1回転する様子がバッチリ眺められるブルジオのループ線を通過すると間もなく、イタリアとの国境だが、列車はそのまま通過する。便宜上、ベルニナ線はスイス国内とみなされているからだ。そして民家の軒先を掠《かす》めるかのようにして15時26分、終着駅ティラノに到着となった。駅の出口が国境のゲートであり、簡単な入国審査の後、駅前広場に立てば、そこはもうイタリアの田舎町である。

DATA			
鉄道名	レーティッシュ鉄道アルブラ／ベルニナ線		
運営会社	ＲｈＢ（Rhätische Bahn）		
運行区間	トゥジィズ〜サンモリッツ〜ティラノ	走行距離	約130km
軌間	1000mm	所要時間	約３時間40分
運行本数	直通運転の「ベルニナ急行」は１日３往復、冬季は２往復。他に途中駅のサンモリッツ発着が多数ある		
備考	看板列車「ベルニナ急行」はオール・パノラミック車両、レザーシートで人気も高い。だがもし満員だったら迷わず各駅停車に。所要時間はほとんど変わらず景色も同じ。		
URL	http://www.rhb.ch/		

第2章
私が考える鉄道世界遺産

ヨーロッパ編
その1

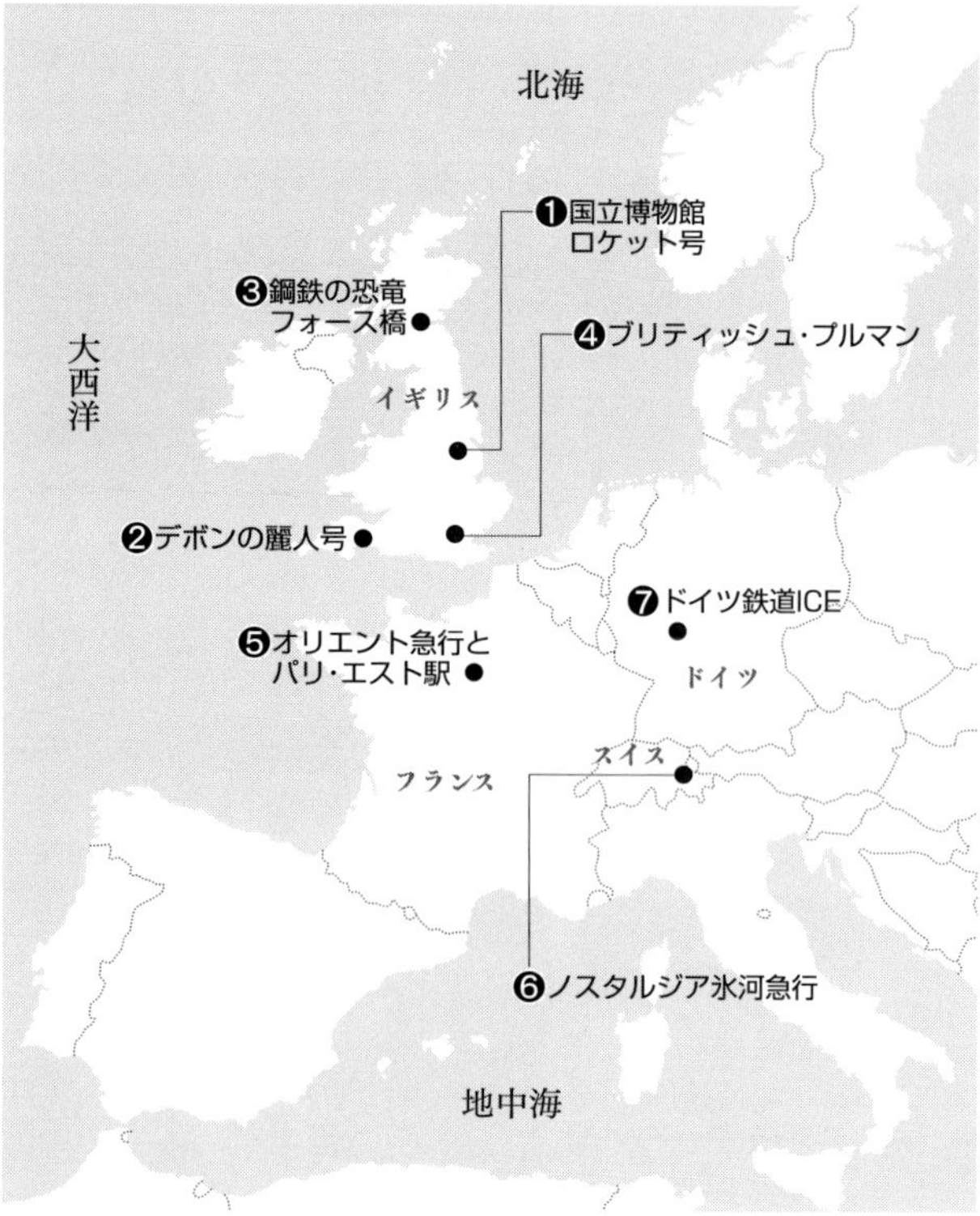
北海
❶国立博物館
ロケット号
❸鋼鉄の恐竜
フォース橋
❹ブリティッシュ・プルマン
大西洋
イギリス
❷デボンの麗人号
❼ドイツ鉄道ICE
❺オリエント急行と
パリ・エスト駅
ドイツ
スイス
フランス
❻ノスタルジア氷河急行
地中海

①イギリス ロケット号

本書は２００２年４月から２００８年３にかけての６年間、日本経済新聞に連載したコラム「世界途中下車」を元に、加筆訂正の上、１冊にまとめ直したものだが、日本経済新聞連載時には、１年目はタイトル通り、世界の「途中下車駅」でのエピソードを紹介した。２年目は意図して「終着駅」の物語である。そして３年目は「名列車と名鉄道」。そして４年目に挑んだテーマが「鉄道世界遺産」であった。

ただし、ユネスコ公認ではない。櫻井寛《さくらいかん》こと、私が考える「鉄道世界遺産」なのだ。その内容たるや、ユネスコ非公認だけあって、世界の列車に揺られ、途中下車し、時には乗り遅れ、そして出会ったささやかなエピソードが中心である。中には怪しげな話もあろうが、いずれも日本では発見できないことばかり。

ということで、私が考える「鉄道世界遺産」のトップバッターは、鉄道発祥の国に敬意

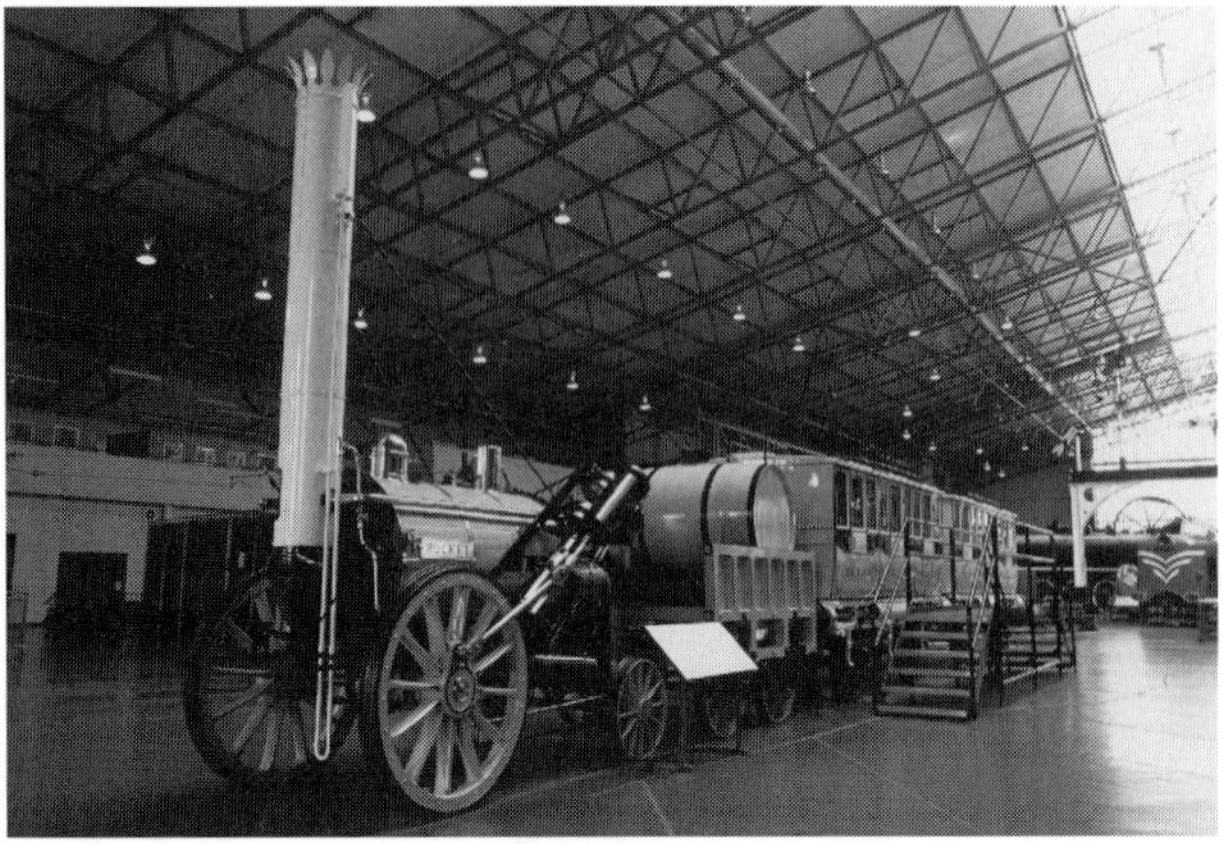

国立鉄道博物館のロケット号。1830年にリバプール＆マンチェスター鉄道を走った機関車（レプリカ）である。

を払って英国の「ロケット号」である。１８３０年、世界初の旅客鉄道「リバプール＆マンチェスター鉄道」の一番列車を牽引《けんいん》したのがこの機関車である。それ以前に蒸気機関車が発明され、１８２５年には「ストックトン＆ダーリントン鉄道」も開業しているが、乗客は蒸気機関車を信用せず、馬が引く馬車鉄道に乗ったというから、初めて人間に認められた機関車が「ロケット号」というわけだ。

　それから１７８年後の今日、この機関車はオリジナルがロンドンの国立科学博物館と、シルドンの国立鉄道博物館ロコモーション館に、そして忠実に復元された機関車と客車が国立鉄道博物館ヨークに保存されている。その中の１台は動態保存機で、シーズン中の週末を中心に運転されるほか海外へも遠征する。日本には１９７０年の大阪万博で来日している。

国立鉄道博物館ヨークでロケット号に対面した私は、何よりもその色に驚いた。鮮やかな黄色なのだ。日本の蒸気機関車が黒一色だったことを思えば、なんておしゃれなんだろう。英国人は色彩感覚が違うなと大いに感心した。

ところが博物館員は黄色は警戒色だと言う。そういえば、現代の英国の列車は車体色はそれぞれだが、顔に相当する正面だけは黄色が多い。ロンドン―パリ、ブリュッセル間を疾駆する超特急「ユーロスター」もまた然《しか》り。１７５年以上もの歳月を経てなお「ロケット号」の伝統は生きている。

なお、ユネスコの世界遺産には

鉄道発祥の地シルドンにて大切に
保存されているロコモーション号。

様々な登録基準がある。その一つが対象はあくまでも不動産（土地及び建物）であり、機関車などの動産は対象外なのだ。それならば「ロケット号」が走った世界鉄道発祥の地を推薦したい。１８２５年開業の世界初の貨物鉄道「ストックトン＆ダーリントン鉄道」と、１８３０年開業の世界初の旅客鉄道「リバプール＆マンチェスター鉄道」である。いずれもオリジナルルートは今も健在だ。そのシンボルに「ロケット号」ほど相応《ふさわ》しい機関車はないというわけだ。

新たなる世界遺産名は、『ロケット号と世界鉄道発祥の地』である。

1825年開業の世界最古の貨物駅ストックトン。

DATA			
博物館名	国立鉄道博物館ヨーク		
運営会社	National Railway Museum		
所 在 地	イングランド北東部ノースヨークシャー県ヨーク市		
アクセス	ロンドン・キングズクロス駅より「ナショナル・エクスプレス」のＩＣで約２時間、ヨーク駅下車徒歩５分		
開　　館	12月24～26日を除き年中無休。10：00～18：00	入館料	無料
備　　考	館内にはロケット号のほか、世界最高速を記録した蒸気機関車マラード号、日本から贈られた初代新幹線０系など多数の歴史的鉄道車両が保存展示されている。		
U　R　L	http://www.nrm.org.uk		

②　デボンの麗人号《イギリス》

クマさんの物語で有名な、ロンドンのパディントン駅から乗った寝台列車の名は「ナイト・リビエラ・スリーパー」であった。「はて？　リビエラとはなんぞや。まさかイタリアのリビエラ海岸のことではあるまいな」車掌に確かめてみれば、「イタリアまでは行かないよ。デボン州プリマス行きさ」と、笑いながら答えた。けれども、なぜこの列車の名が「リビエラ」なのかは今一、要領を得なかった。

その晩、寝台車のベッドの中で私はあれこれ推測した。リビエラ海岸に隣接するフランスのコート・ダジュールには「プロムナード・デ・ザングレ」という海辺の遊歩道がある。直訳すれば「英国人の散歩道」である。英国は気候が冷涼なだけに、温暖なリビエラやニースは憧《あこが》れの地。そこでリビエラとは関係ないけれど、列車のイメージアップのために「リビエラ」を冠したのではなかろうか。わが日本にも何の関係もないのに「ハワイ」「ロ

ペイントン＆ダートマス鉄道のGWタンク式蒸気機関車。
あの『機関車トーマス』にも登場する名機関車である。

ンドン」といった店があるように。

翌朝5時、列車はニュートン・アボット駅に到着した。プラットホームに降り立った私は昨日のロンドンよりも気温が高いことを感じていた。さらにローカル列車に乗り換えトーキー駅に降り立つ。驚くべきことに椰子《やし》の木や観葉植物生い茂る南国そのもののたたずまいだ。さらに駅名には、「リビエラ線」が付記されていた。なるほど、英国のリビエラというわけだ。

1891年、ミステリーの女王アガサ・クリスティは、ここデボン州トーキーに生まれた。トーキーは古くからの海浜リゾートで、富裕層に人気の社交場でもあった。そんな環境に生まれ育ったからこそ、アガサの作品には、しばしば上流階級の世界が登場するというわけだ。

アガサもきっと歩いたであろうビーチを散策していると、遥《はる》かイギリス海峡を行く蒸気機関車の姿が目に入った。散歩中の貴婦人が、「デボン・ベル号ですよ。次のペイントン駅から出ています」と教えてくれた。ベル（Belle）とは、鐘（Bell）のことではない。フランス語で美人、佳人、麗人の意。美人では即物的すぎるし、佳人では通じにくい。ここは「デボンの麗人号」が適切ではなかろうか。

その「デボン・ベル号」に乗車してみれば、列車の編成は、ＧＷＲ（グレート・ウエスタン鉄道）の緑色の蒸気機関車を先頭に、11両の客車を連ねている。特筆すべきは最後尾は１９１

キングズウェア駅にて発車を待つデボン・ベル号。1917年生まれのパーラーカー（展望車）が最後尾を飾る。

7年製造のプルマン・オブザベーション・サロン。3等車までであった時代の特等展望車である。私もちょっぴり気取って特等展望車の客となる。

12時ちょうど、高らかに汽笛が鳴り渡り「デボン・ベル号」はペイントン駅を発車した。ほどなく進行方向左側の車窓に海が広がった。イギリス海峡である。青い空、青い海、白い雲、白い波、ビーチに並ぶ色とりどりのパラソル、そして水着姿のベルたち。

やがて車窓から海が遠ざかると今度は山越えである。トンネル内では蒸気機関車の吐き出す煙が漂ってきた。懐かしい香りだ。「デボンの麗人号」の車内には、汽車旅の愉《たの》しさのすべてが凝縮されていた。

DATA			
鉄道名	ペイントン＆ダートマス蒸気鉄道		
運営会社	Paignton & Dartmouth Steam Railway		
運行区間	ペイントン～キングズウェア	走行距離	11.2㎞
軌間	1435㎜	所要時間	30～35分
運行本数	1日4往復（閑散期）～9往復（繁忙期）		
備考	鉄道名が「ペイントン＆ダートマス」なのに対して運行区間が～キングズウェアなのには理由がある。ダートマスはダート川を隔てキングズウェア駅の対岸にあるから。		
URL	http://www.paignton-steamrailway.co.uk/		

③ イギリス 鋼鉄の恐竜

山陰本線ではいよいよ、名物の余部《あまるべ》鉄橋の架け替え工事が始まった。１９１２年に竣工《しゅんこう》した高さ41メートル、全長３１１メートルという壮大な橋で、完成当時は日本一どころか東洋一の規模を誇っていた。けれども新しい余部橋はコンクリート橋で鉄橋ではないという。それだけに取り壊されるのは残念だ。

一方、海外では英国スコットランドのフォース橋が世界最大の鉄道橋としてギネスブックに登録されている。そのスケールたるや、高さ１１０メートル、全長２５２８メートルというから余部鉄橋の比ではない。しかも完成は１８８９年のこと。なんと間もなく１２０歳というわけだが、うれしいことに架け替えの話は今のところない。

場所はスコットランドの都エディンバラの西約15㎞。エディンバラ・ウェイバリー駅から「スコッツ・レイル」に乗って十数分後、興奮の時はやってくる。

威風堂々、全長 2528m、高さ 110m、鋼鉄の恐竜の異名をとるフォース橋。100年以上経た今も世界最大の鉄橋。

その瞬間、それまでは確実に車窓にあった地面も家も田園も消え失《う》せ、眼下一面の海、フォース湾が広がるのだ。気分は、列車が空中を飛ぶかのよう。ただし高所恐怖症の人は目を閉じていたほうが無難であろう。

この絶景を味わってしまうと、どうしても鉄橋を下から見上げたくなるもの。そこで私はフォース橋に近いダルメニー駅で途中下車し、海岸へと下る森の小道に分け入った。道路を行けばいいものを最短

コースと信じた道は遠かった。いつしか森の小道は途絶えてしまった。引き返すのもしゃくだから、そのまま雑草をかき分け突き進む。だが、いくら進めどフォース橋は見えてこない。もう30分も歩いたろうか、いい加減歩き疲れたころ、視界がぱっと開け、目の前に巨大な赤い鉄橋が現れた。

でかい、本当にでかい。あまりにでか過ぎて、視野に収まり切れないほどだ。列車がやって来た。小さい、実に小さい。鉄道模型、いや鉛筆が走っているかのようだ。

ニックネームは「鋼鉄の恐竜」。なるほど高さ百十メートルの菱形《ひしがた》支柱を三つ連ねた様は、恐竜の背中を思わせる。それにしてもよくぞこれほど巨大な鉄橋を、しかも１００年以上も前に造ったものだと感心する。それだけでも素晴らしいが、今後、フォース橋以上の「鉄橋」は誕生しないとも云《い》われている。なぜなら、より長大な橋は現実にあるし今後も出来るだろうが、時代とともに主材がコンクリートとなり、「鉄の橋」とは呼べなくなってきたからだ。それだけに、フォース橋は取り壊されない限り、世界一の鉄橋として君臨し続けるのである。まさに世界遺産に相応しい鉄橋である。

ところで我らが余部鉄橋だが、何とか残せないものだろうか。

フォース橋を通過しエディンバラへと向かう近郊型列車。

DATA	
鉄橋名	フォース橋
運営会社	ＳＲ（First ScotRail）
所在地	スコットランド南部エディンバラ市北郊
アクセス	エディンバラ・ウェイバリー駅よりファースト・スコッツ・レイルの近郊列車に乗車し約15分、ダルメニー・クイーンズフェリー・サウス駅下車徒歩15分。
備考	フォース橋を通過する列車は、エディンバラ発ダンディー、アバディーン、インバネス方面行きだが、時にはパース経由となりフォース橋を通らないことも。車掌に確認を。
ＵＲＬ	http://www.firstgroup.com/scotrail/index.php

④ イギリス ブリティッシュ・プルマン

言うまでもなく英国は鉄道発祥の国。それだけに、鉄道文化財は数多い。

１８２５年開通の世界初「ストックトン＆ダーリントン鉄道」。１８３０年に世界初の旅客列車を走らせた「リバプール＆マンチェスター鉄道」。当時の蒸気機関車「ロコモーション号」「ロケット号」など、枚挙《まいきょ》にいとまがない。いっそのこと英国鉄道全部を世界遺産にしてしまいたいくらいだが、そんな中で、とびきりの豪華列車として、私は「ブリティッシュ・プルマン」を推薦したい。

なぜなら、この列車こそ、世界一の歴史と伝統と格式に彩られた英国鉄道の中でも、女王陛下のロイヤル・トレイン（お召し列車）に使用されるなど、特別な地位にあり、英国民に愛されてきた列車なのだ。

だからといって博物館に鎮座する展示物などではない。実際に1年を通して運行され、

ロンドン・ヴィクトリア駅２番線ホーム、ブリティッシュ・プルマンが入線すると駅全体が華やぐかのようだ。

誰でも乗車可能である。ちなみに運行は1ヵ月でおよそ12日間。週末はもちろん連日、ウィークデーもほぼ1日おきに運行される。そして気になる乗車料金だが、例えば、サンデーブランチ付きのコースで2万８５００円からと、目が飛び出るような金額ではない。むしろリーズナブルな設定である。

始発駅はバッキンガム宮殿南庭にもほど近いロンドン・ヴィクトリア駅。この列車の指定プラットホームである2番線に10両編成の「ブリティッシュ・プルマン」が入線すると、駅構内がぱっと華やぐかのようだ。

着飾った紳士、淑女らが紅潮した面持ちで各車両に乗車する。皆さん、この列車に乗車できる喜びを隠しきれない様子だ。私とて同

ブリティッシュ・プルマンの乗客を歓迎するデキシー・ジャズ・バンド。フォークストン・セントラル駅にて。

ダイニングテーブルを彩るスリー・コース・ディナー。

様である。

「ブリティッシュ・プルマン」は、各車両に愛称が付けられている。この日の編成は、先頭から「ペルセウス号」、「オードリイ号」、「ゼナ号」、「ヴェラ号」、「シグナス号」、「ミネルバ号」、「フェニックス号」、「アイビス号」、「アイオニ号」、「ルシル号」の10両編成で、私が乗ったのは中程に位置する「ヴェラ号」であった。1932年の建造というから、芸術的にも頂点を極めた時代の名車である。アンティークなステンドグラス、車内を飾る精巧な寄せ木細工、洗面所タイルのモザイク画など、走る美術館であり、二つと同じデザインの車両がないのも素晴らしい。

さらに壁面には「1953年エリザベス女王ご乗車、54年チャールズ皇太子、アン王女ご乗車、…」など、幾多の栄光の歴史が記されている。乗客の誰しもが笑みを浮かべ、愛される理由がここにある。

DATA			
列車名	ザ・ブリティッシュ・プルマン		
運営会社	Orient-Express Hotels Trains & Cruises		
運行区間	ロンドン～カンタベリーなど、ロンドン・ヴィクトリア駅発着でイングランド南部を周遊走行する		
軌間	1435㎜	運行本数	月間10～25コース
所要時間	約10時間、ロンドンを朝発ち夕刻以降に帰着する日帰りが標準		
備考	歴史と格式に彩られたプルマンカーの旅だけにジーンズやTシャツなどラフな格好は御法度。男性はネクタイとジャケット、女性はワンピースやスーツなど。		
URL	http://www.orient-express.com/		

⑤ フランス オリエント急行とパリ・エスト駅

ユネスコの世界遺産は、列車や車両などの動産は不可、マンションや一戸建てなど土地付き物件ならば登録可という選考基準があるとは以前お話ししたが、こと鉄道の世界には世界遺産級の列車や車両があることは事実である。

そこで私は、「ぜひこの列車が本当に世界遺産になったらいいな」という想いを籠《こ》めて選び抜き、どこかでユネスコの目に留まってくれることを願いつつこの第２章を綴《つづ》っているわけだが、その中でも究極の列車といえば、「オリエント急行」であろう。

世界広しといえども、これほど有名な列車は他にあるまい。しかしながら、ユネスコが動産は不可と云うなら、ちゃんと土地も付けてしまおう。「オリエント急行」に相応しい土地といえば、パリのエスト駅（旧ストラスブール駅）であろう。

今から１２５年前の、１８８３年10月４日、「オリエント急行」は誕生した。ベルギー

1883年10月４日の１番列車以来、１世紀以上にわたって
オリエント急行の発着駅として君臨するパリ・エスト駅。

の若き実業家ジョルジュ・ナヘルマッカースが生みの親だが、何と失恋の痛手を癒《いや》すために米国旅行に出かけ、そこで乗車したプルマン式寝台車をきっかけに、世界初の国際寝台列車「オリエント急行」を考案したという逸話もユニーク。そして何より、パリ・ストラスブール駅から華々しく「オリエント急行」の一番列車がスタートを切った歴史的事実も見逃せない。

アガサ・クリスティの名作『オリエント急行の殺人』、そして映画「オリエント急行殺人事件」など、数多くの小説や映画の舞台にもなった。そして一番列車から125年をも経過した今なお、パリ・エスト駅から「VSOE（ベニス・シンプロン・オリエント急行）」が発着しているのである。しかも、エスト駅の１２５年前の名は、ストラスブール駅。改称されただけで、１２５年前と同じ駅から定期列車として発着しているのだ。

ＶＳＯＥにされる18両編成の寝台車がまたすごい。たった１両の例外もなく、１９２０〜30年代に製造された、オリジナルのオリエント急行車両ばかり。

王侯、貴族、大富豪らに愛され、ヨーロッパの走る社交場と呼ばれた「オリエント急行」が、もっとも光り輝いていた時代の歴史的名車たちなのである。

さらに、「オリエント・エクスプレス」という列車名（商標）はフランス国鉄が所有しており、他国は自由に使えない。「オリエント急行とパリ・エスト駅」、フランスを代表する鉄道世界遺産はこれで決まり！

DATA	
駅　名	パリ・エスト駅
運営会社	ＳＮＣＦ（Société Nationale Chemins de fer France）
所在地	パリ右岸19区　パリ・ノール（北）駅に隣接
軌　間	1435㎜
列車運行	パリに６つあるターミナルの一つ、エスト（東）の名が物語っているようにパリとフランス東部とを結ぶ。2007年にはＴＧＶ東ヨーロッパ線が開業しそれに合わせ、エスト駅も化粧直しした。
備　考	オリエント急行（ＶＳＯＥ）は月間最大４往復がロンドン〜ベニス間に運行される。パリのターミナルは伝統的にストラスブール駅（現在のエスト駅）に発着する。
ＵＲＬ	http://www.sncf.fr/

⑥ スイス
ベトナム帰りの氷河急行

日本人にもっとも親しまれている海外の列車といえば、スイスの「氷河急行」（グレイシャー・エクスプレス）が断トツであろう。なにしろ、年間の利用客は27万３０００人。そのうち30％が日本人なので実に８万人が乗車していることになる。しかも「氷河急行」が１日３往復運行される夏季シーズンは６月から10月までの５ヵ月間のみ。ということは夏の旅行シーズンは毎日５００人以上の日本人が乗っているというわけだ。

その「氷河急行」が１９３０年に運行を開始し２００５年で75周年を迎えた。それを記念して定期３往復のほかに２種類のスペシャル氷河急行が運転されることになった。

１本は１９３０年代に製造された豪華車両プルマンカーによる「クラシック・アルパイン氷河急行」。もう１本が写真の蒸気機関車「ノスタルジア氷河急行」である。どちらも魅力的だが、蒸気機関車世代の私としては「ノスタルジア氷河急行」に興味津々だ。かく

レアルプ駅を発車するアプト式蒸気機関車。戦禍のベトナムにて50年近く走っていたとは思えぬほど元気一杯だ。

して梅雨の日本を脱出し初夏のスイスへと旅立った。

通常の「氷河急行」はマッターホルンに抱かれた登山基地ツェルマットと、冬季オリンピックを二度開催したウィンター・スポーツ・リゾート、サンモリッツとを結んでいるが、「ノスタルジア氷河急行」の始発駅はほぼ中間に位置するレアルプ駅だ。プラットホームに降り立てば、標高１５００メートルの高原の涼風に包まれた。

アルプスの高峰を眺めながら思い切り深呼吸する。と、同時にどこからともなく懐かしい香りが流れてきた。久しく忘れかけていた石炭が燃えるときの匂いだ。しばらくすると、青い車体の蒸気機関車がやってきた。「氷河急行」は赤がトレードマークだとばかり思っていたが、75年前にはブルーだったのだそうだ。

乗車する前に先頭の蒸気機関車を撮影する。すると運転台から機関士が降りてきて、

「さあ、カメラマン君、ここを撮りなさいな」

と指さす。なんとそれは、「1914」と刻印された製造プレートだった。ということは御年90歳を超える老機関車というわけだ。

だが、90年間平和なスイスにいたわけではない。1947年に「氷河急行」のルートが電化されるとお役ご免となり、ベトナム国鉄に売却されたのである。再びスイスに戻ってきたのは93年のこと。50年近い歳月を経て故郷に里帰りしたのである。思えば当時のベトナムは戦禍の只中《ただなか》。よくぞ生き長らえたものと感心するばかりだ。

「老兵は死なず」とは、まさにこのことだが、本書の第1章、40ページで記したように、スイスにも2008年、初の鉄道世界遺産が登録された。しかしながら、この「ノスタル

蒸気機関車グレッチホルン号の履歴を記したプレート。まさに激動の時代を生きてきた。

ジア氷河急行」のルートなど、スイスには世界遺産に推薦したい鉄道が数え切れないほどある。そのいずれもが上質な公共交通機関だけに、いっそのこと、スイスの全鉄道網を世界遺産にしたいくらいである。

レアルプの機関区にて寛ぐ、蒸気機関車と機関士、そして機関助士。

DATA			
鉄道名	フルカ山岳蒸気鉄道		
運営会社	ＤＦＢ（Dampfbahn Furka-Bergstrecke）		
運行区間	レアルプ～グレッチ	走行距離	17.8ｋｍ
軌間	1000㎜	所要時間	１時間50分
運行本数	夏季シーズン中を中心に１日２往復の不定期運行		
備考	ダンプといえば日本語ではダンプカーの意だが、ドイツ語では蒸気機関車のこと。正式にはダンプフロックだが、上記の通り、Dampf（蒸気）、bahn（道）で蒸気鉄道。		
ＵＲＬ	http://www.furka-bergstrecke.ch		

⑦ ドイツ
ビールもうまい超特急

世界最大のビール祭り「オクトーバーフェスト」も終わった11月のドイツは早くも初冬の様相を呈していた。わずか1ヵ月前には汗をかきながら2リットルビールを飲み干したものだが、この寒さではビールどころではない。日本酒の熱燗《あつかん》が恋しくなる。

コートの襟を合わせながら、フランクフルト・ハウプトバーンホフ（中央駅）から乗った列車はドイツ最新の超特急ＩＣＥ（インター・シティ・エクスプレス）。ドイツ語では、「イーツィーエー」と発音するのだが、寒いだけに私の目には「アイス」と映ってしまう。

けれども車内に一歩入れば、暖房がほどよく利いていて、冷え切った身体が解きほぐされるかのようだ。寒い日の列車ほど有り難いものはない。発車と同時に、「ファカーテ・ビッテ！」と、車掌が切符拝見にやってきた。カイゼル髭《ひげ》をたくわえたいかにもドイツ人らしい厳《いか》めしい車掌である。ドイツの駅は改札がないので車内検札は必須《ひっす》、かつ無賃乗車

フランクフルト中央駅で発車を待つＩＣＥ３。最高速度
フランスのＴＧＶ－ＰＯＳとタイで時速 320 ㎞を誇る。

には非常に厳しい。ただし切符を見せるのはこの一回きりなので、２重、３重に改札口のある日本の新幹線のような繁雑さはない。

しばらくすると車内販売がやってきた。「コーヒーにビール、お弁当はいかがですか？」とは言わなかったが、顔をあげてみれば、なんと先ほどの車掌ではないか。それもエプロン姿だ。厳めしかった顔が、笑顔に変わっている。それにつられて思わずビールをオーダーしてしまった。ドイツ国鉄は94年の民営化以降、車掌といえども積極的に車内サービスに努めるようになったのである。

さて、このＩＣＥ、正確にはＩＣＥ３型だが、営業運転上の最高時速は日本の新幹線、フランスのＴＧＶと並んで世界一の３００㎞

である。現在、時速300kmの高速鉄道を保有する国は10ヵ国（2008年現在）を数えるが、自国の技術で運行しているのは開発順にフランス、日本、ドイツ、イタリアの4ヵ国のみ。つまり世界の高速列車をリードするライバルというわけだ。

この中で、どこが最初に時速300kmの壁を突破するか、実に興味深いが、こと美味《おい》しさの点ではドイツが抜きん出ている。なぜなら食堂車がある上に、本場の生ビールが飲めるバーコーナーもあるのだ。さすが、オクトーバーフェストの国、ドイツの超特急である。車内は1年中、10月というわけ。つまみはもちろん、フランクフルトで決まり！

（※2008年8月現在、フランスとドイツが時速320kmで運行中）

DATA			
列車名	ＩＣＥ（インター・シティ・エクスプレス）		
運営会社	ＤＢ（Deutsche Bahn）		
運行区間	ドルトムント〜ミュンヘンなどドイツ各地と近隣国		
走行距離	ドルトムント〜ミュンヘンで724km	軌間	1435mm
所要時間	ドルトムント〜ミュンヘンで５時間40分		
運行本数	ドルトムント〜ミュンヘン間で12〜16本		
備考	ドイツでは日本のように１号車指定席、２号車自由席という分け方はしない。自由席が基本であり指定されると、その区間の該当座席のみが指定席となる。実に合理的だ。		
ＵＲＬ	http://www.bahn.de/		

ヨーロッパ編
その2

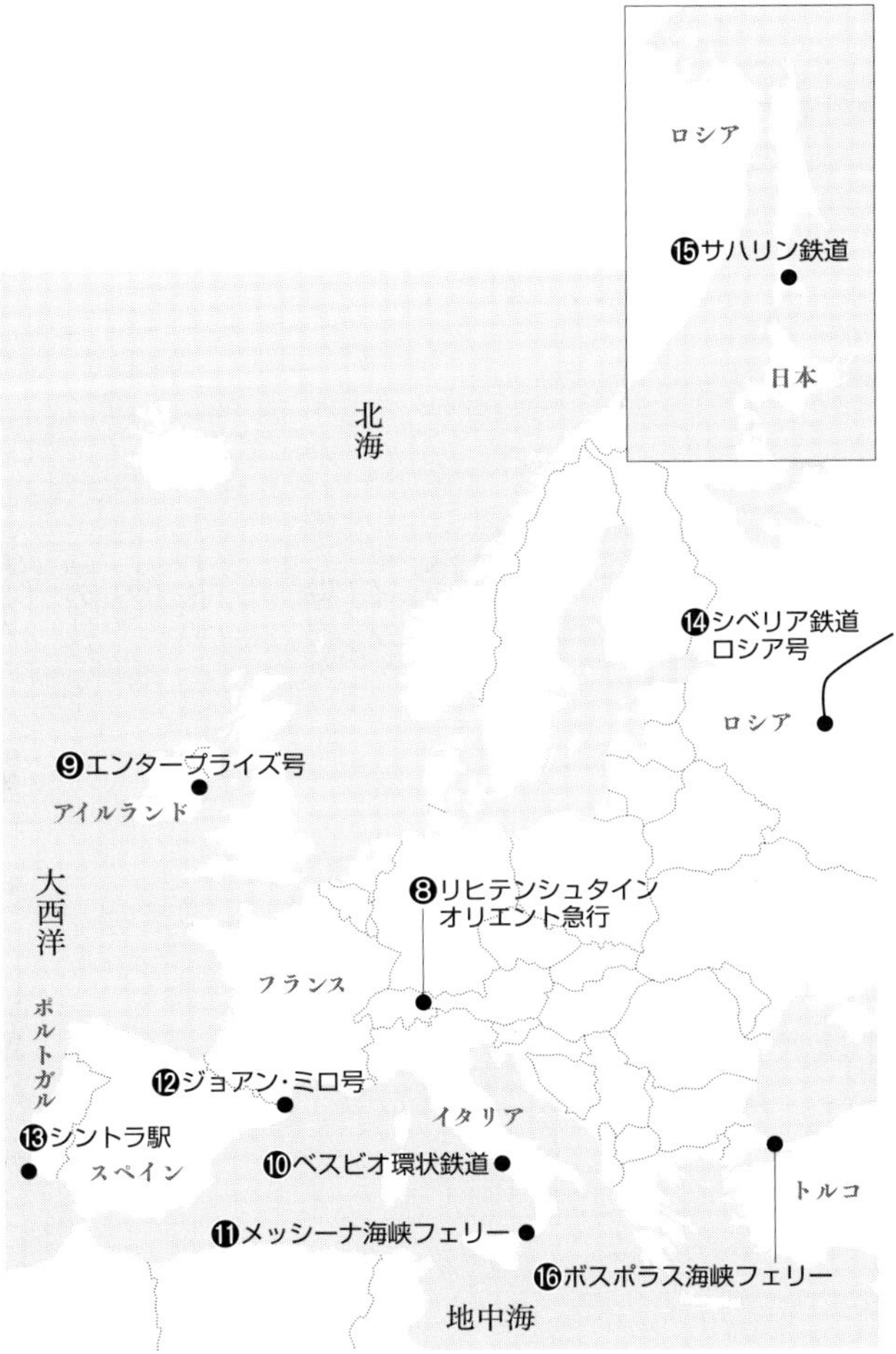

ロシア
⑮サハリン鉄道
日本
北海
⑭シベリア鉄道
ロシア号
ロシア
⑨エンタープライズ号
アイルランド
大西洋
⑧リヒテンシュタイン
オリエント急行
フランス
ポルトガル
⑫ジョアン・ミロ号
イタリア
⑬シントラ駅
スペイン
⑩ベスビオ環状鉄道
トルコ
⑪メッシーナ海峡フェリー
⑯ボスポラス海峡フェリー
地中海

⑧ リヒテンシュタイン
オリエント急行が走る国

世界一の歴史と伝統と格式とを兼ね備えた豪華列車といえば「オリエント急行」の右に出るものはない。

パリ発イスタンブール行き一番列車のスタートは、今から125年前の1883年のこと。そのイスタンブール行きは1977年に廃止されたが、5年後の1982年に復活を果たし、今なお走り続けているのが、「VSOE」(ベニス・シンプロン・オリエント・エクスプレス)である。

ベニスの名が物語っているように今日の「オリエント急行」は終点がベニス。そしてシンプロンとは、およそ100年前の1905年に開通したアルプスを貫く全長19・8kmのトンネルの名だ。

開通当時はもちろん世界最長のトンネルで、このルートを経由したのが「シンプロン・

リヒテンシュタイン公国を走行中のベニス行きオリエント急行ＶＳＯＥ。背後の山並みはスイスアルプスである。

オリエント急行」だった。ちなみに『オリエント急行の殺人』の作者、アガサ・クリスティが夫の考古学者マローワン教授の遺跡発掘調査のお供で度々乗った列車でもある。

さて今日の「オリエント急行」VSOEは、その名に反しシンプロントンネルは通過しない。いや、復活当初はシンプロンを経由したのだが、翌83年より車窓風景のより美しい「アールベルク・オリエント急行」のルートに変更されたのである。考えてもみれば、せっかくのアルプスの景観もトンネル経由では何も見えやしない。このルート変更は大歓迎だ。

昨日の午前11時20分にロンドンを発《た》ち、ドーバー海峡はル・シャトルで越えて、パリには夜21時17分到着。40分間停車して21時57分に発車し、夜を徹してフランスの大地を駆け抜けた「オリエント急行」は、スイスで朝を迎えていた。ルームサービスの朝食をとるうちに、7時30分、国境

DATA			
列車名	VSOE（ベニス・シンプロン・オリエント・エクスプレス）		
運営会社	Orient-Express Hotels Trains & Cruises		
運行区間	ロンドン〜ベニス	走行距離	約1750km
軌間	1435mm	所要時間	約30時間（1泊2日）
運行本数	1ヵ月に4往復程度。他に毎年8月にはイスタンブール特別運行。ローマ、デュッセルドルフなどへも足を伸ばす。		
備考	定期運行のロンドン〜ベニスの全区間乗車の場合、料金はおよそ30万円だが、ロンドン〜パリ、ベニス〜インスブルックなどの区間乗車なら比較的リーズナブルに乗車可能。		
URL	http://www.orient-express.com/		

の駅ブックスに到着。「発車すると、いよいよアールベルク峠越えですよ」と、コーヒーのお代わりを持ってきてくれたスチュワードに言われ、窓ガラスを開け放つ。８時10分、ブックス駅発車。ほどなくライン河を渡河する。対岸はオーストリアと思いきや、スチュワードは言った。

国境の駅ブックスに停車するオリエント急行ＶＳＯＥ。
発車するとラインを渡河しリヒテンシュタイン公国へ。

「リヒテンシュタインです」

私は失念していた。スイスとオーストリアの間に、リヒテンシュタイン公国があることを。けれども時計の秒針が十回転しない内に、列車はフェルトキルヒ駅に停車した。そこはもうオーストリアだった。ということは、10分足らずでリヒテンシュタイン公国を通過したことになる。無理もない。国土面積は１６０㎢、小豆島《しょうどしま》ほどの大きさなのだから。

しかしながら、世界一の歴史と伝統と格式とを兼ね備えた「オリエント急行」が堂々と走行する国なのである。

⑨ アイルランド 山椒は小粒でもぴりりと辛い

アイルランドの首都ダブリンへと向かう飛行機の中で私は、2002年6月5日に行われた「日韓共催W杯サッカー」アイルランド対ドイツ戦のことを思い出していた。その試合を私は、カシマスタジアムで観戦していたのだ。

ゲームは1対0のまま、ドイツ優勢の内に終わろうとしていた。ドイツのゴールキーパーは鉄壁の守りを誇るオリバー・カーンである。誰しもがドイツが勝つだろうと予想し、試合終了前に席を立つ人もいたほどだ。

ところがである。後半戦も終わった延長のロスタイム中に奇跡は起こった。アイルランドのロビー・キーンが劇的なゴール！　優勝候補のドイツに一矢報いたのである。

ロビー・キーンは身長は私と同じ176センチメートル、体重は私より軽い72キロ、サッカー選手としては決して大柄ではない。いや、ロビーだけではない。アイルランドの選

北アイルランドのベルファスト駅に到着したアイルランド鉄道のエンタープライズ号。顔が黄色いのは英国風。

手の多くは小柄で、ことにドイツのメンバーと並ぶとその差は歴然。「山椒《さんしょう》は小粒でもぴりりと辛い」と、大いに感動したものだ。

そんなことを思い出しながらダブリン国際空港に降り立ち、空港バスに乗り換えてダブリン・コノリー駅へ。乗車する列車はアイリッシュ・レイルの看板特急「エンタープライズ号」ベルファスト行きである。

ところで、アイルランドの鉄道は線路幅1600ミリ広軌である。英国をはじめヨーロッパの多くの国々が1435ミリの標準軌を採用しているのに対してとても珍しい。他に、1600ミリの鉄道はないかと調べてみれば、ブラジルとオーストラリアのヴィクトリア州のみである。建設当時、アイルランドの技術者が関与したことは想像に難くない。

さて、広軌ということで、私は大いに期待していた。日本には狭軌と標準軌はあっても広軌は存在しない。それだけに興味津々なのだ。けれども楽しみにしていた「エンタープライズ号」はその名前の割に、格別大きな列車でも立派でもなかった。むしろ車内スペースなどは日本の在来線と変わらない。これなら広軌の必要はなかったのでは？

その時、私は思い出した。W杯アイルランドチームのことを。「緑の悪魔」の異名をとる彼らは、小柄ながら負けん気の強さと、タフネスさには定評がある。それゆえ、英国よりも大きな広軌鉄道を建設したのではなかろうか。

事実、アイルランドを旅していると英国とは似て非なる事象にずいぶん出合った。やはり「山椒は小粒でもぴりりと辛い」国なのであろう。

DATA			
列車名	エンタープライズ号		
運営会社	IE（Iarnród Éireann）		
運行区間	ダブリン～ベルファスト	走行距離	183km
軌間	1600mm	所要時間	約2時間15分
運行本数	1日8往復、日曜日は5往復		
備考	イギリスはヨーロッパにありながらユーレイルパスが使えない国だが、アイルランドはユーレイルパス加盟国。したがってダブリン～ベルファスト間は国境駅までパス利用可。		
URL	http://www.irishrail.ie		

⑩ イタリア ナポリを見て故郷を思う

「ナポリを見て死ね」とは、あまりにも美しいナポリを形容した名言だと信じていたが、ナポリ・チェントラーレ（中央駅）に降り立った私は大いに落胆した。なぜなら駅前広場は至る所にゴミが散乱し、異臭さえ漂っていたからだ。

けれども、フニコラーレ（ケーブルカー）に乗って展望台に登った瞬間、駅前でのファースト・インプレッションは吹き飛んでしまった。眼下には紺碧《こんぺき》のナポリ湾が広がり、海上にはベスビオ火山が端整な姿を見せている。それはまさに一幅の名画だ。さすがにこの高台からはゴミも見えないし、異臭も届かない。

すっかり気をよくした私は、ベスビオ火山をより近くで眺めようと、線路幅９５０ミリという可愛らしい「ベスビオ環状鉄道」に乗車した。その名の通りベスビオ火山の山麓《さんろく》をぐるりと1周する鉄道である。乗っているだけで、この有名な火山を３６０度から眺めら

ベスビオ火山を右背後に望むヴィッラ・ディ・ミステリ駅に到着したベスビオ環状鉄道の電車。落書きだらけだ。

ベスビオ環状鉄道ポンペイ駅。椰子の木が平和な南国旅情を演出するが紀元79年には付近一帯が地獄画と化した。

れるというわけで、なんとも好都合な電車だ。

ナポリを発車し、進行方向左手に刻々と姿を変えていくベスビオ火山を飽かず眺めることおよそ40分、電車はかのポンペイ遺跡の入口に位置するヴィッラ・ディ・ミステリ駅に到着。ここで途中下車する。

ポンペイは1900年以上も前の紀元79年、ベスビオ火山の大噴火によって一瞬にして灰に埋もれた古代都市である。長年の発掘調査によって、ほぼ全貌《ぜんぼう》が掘り起こされたが、ことに私の興味を引いたのは、巨大な宮殿や円形劇場ではなく民家にあった。

そこには、パン屋、酒屋などが軒を連ね、その壁には落書きさえ残されている。無人になった街を歩いていると、どんな人が住んでいたのだろう？　家族構成は？　晩飯のおかずは？　などと想像力がかき立てられてしまうのだ。

その民家の軒先から顔を出した瞬間、思わず声をあげてし

DATA			
鉄道名	ベスビオ環状鉄道		
運営会社	Ferrovia Circumvesuviana		
運行区間	ナポリ～ヴィッラ・ディ・ミステリ		
軌間	950㎜	所要時間	約40分
運行本数	1時間1～2本		
備考	ベスビオ環状鉄道はＦＳ（イタリア鉄道）のナポリ中央駅の地下から出ているが、ユーレイルパス適用外の私鉄なので要乗車券購入のこと。観光地だけに検札は頻繁で厳しい。		
ＵＲＬ	http://www.vesuviana.it/		

まった。目の前にそびえるベスビオ火山が、我が故郷の浅間《あさま》山、それも軽井沢《かるいざわ》付近から眺めた山容によく似ていたからだ。右の稜線《りょうせん》に寄生火山の小浅間《こ》があるところもそっくりだ。浅間山も1783年の大噴火では溶岩流が村を飲み込み、埋没家屋1800戸という大被害を出している。暴れ山とは、かくも似てしまうものなのだろうか。

ナポリに来て、まさか故郷の浅間山を思い出すとは思わなかった。まさに「ナポリを見て死ね」である。

ナポリ港より望むベスビオ火山。
浅間山によく似たプロポーション。

⑪ イタリア 海峡を渡る列車

「長靴の先っちょはどうなっているんだろう。行ってみたいなあ」イタリアの地図を眺めるたびに抱き続けてきた、幼いころからの私の夢である。それがついに実現する時がやってきた。

朝7時、ローマのテルミニ駅を発車したパレルモ、シラクーサ、レッジョ行き「ＩＣｐ」（急行列車）は、イタリア半島の西海岸線、つまり足にたとえたなら、すねの部分を駆け下り、間もなく爪先《つまさき》に到着するところだった。ずいぶん長たらしい行き先だが、実は行き先の異なる3列車が合体しているのである。

やがて進行方向右側の車窓には紺碧の大海原、ティレニア海が広がり、列車は大きなフェリーが停泊する桟橋駅、サン・ジョバンニ駅に滑り込んだ。この駅こそ、幼いころから夢に抱き続けてきた、長靴の先端部に位置する爪先の駅であった。

メッシーナ海峡を横断するＦＳ（イタリア鉄道）の鉄道連絡船。堂々たる船体が往年の青函連絡船を彷彿させる。

海峡横断はわずか35分間だが、その間は列車を降りて甲板で過ごす客も多い。船内にはレストランや売店もある。

ローマから12両の長い編成で走ってきた列車は、この駅で３分割される。まず先頭のレッジョ行き３両が切り離され「お先に失礼！」とばかりに発車して行った。

ちなみにレッジョ（正式名レッジョ・ディ・カラブリア）は、イタリア半島最南端の都市だが、サッカーファンにはお馴染《なじ》みである。２００５年まで中村俊輔《しゅんすけ》選手が活躍していたセリエＡ「レッジーナ」の本拠地である。その中村選手も今や、スコットランドのセルティック。いわばヨーロッパの最南端から最北端のチームに移籍したというわけだ。

さて、私が乗車していた残された９両編成は、パレルモ行き５両と、シラクーサ行き４両とに分割され、栈橋で待つフェリー船内へと導かれた。

文章で書くといとも簡単ながら、入れ換え用の機関車が行ったり来たり、連結器を付けたり外したりと、それはもう大変な作業である。興味深く眺めて

メッシーナ海峡フェリーに納まった客車。なおフェリーでは列車のトイレ使用厳禁である。

いると老練の船員が、「すごいだろう。ジャポネにはこんなのないだろう！」と、胸を張った。そこで、「こんな時代遅れな連絡船は、日本にはもうないよ」と、言いかけてやめた。なぜなら、青函《せいかん》トンネルよりも、青函連絡船のほうが、どれほど旅情に満ちていたかを思い出したからだ。

列車を載せたフェリーは長靴の爪先港を出港した。その行き先は、メッシーナ海峡を隔てて対岸に位置するシチリア島である。私は列車内に居ながらにして、船酔いを味わっていた。それが無性にうれしかった。

DATA					
鉄道名	イタリア鉄道（メッシーナ海峡フェリー）				
運営会社	ＦＳ（Ferrovie dello Stato）				
運行区間	ヴィッラ・サン・ジョバンニ～メッシーナ			走行距離	９km
軌間	1435mm	所要時間	35分		
運行本数	１日に５便程度				
備考	メッシーナ海峡フェリーはイタリア鉄道の連絡船なので、ユーレイルパスで何度でも乗船できる。短いながらも紺碧の海峡を渡る気分は最高だ。				
ＵＲＬ	http://www.ferroviedellostato.it/				

⑫ スペイン
広軌の秘密

　昨夜パリを発車したスペイン製のタルゴ型寝台列車「ジョアン・ミロ号」は、夜を徹してフランスの大地を駆け抜け、夜明けをスペインとの国境にもほど近いラングドック地方で迎えていた。そろそろピレネー山脈が見えるはずだ。そのことはわかっていたものの、なかなか起きられない。

　寝台列車ではいつも早起きの私だが、昨晩は発車の直前まで、見送りに来てくれたパリの友人としこたまワインを飲んでしまった。少々二日酔い気味なのである。しかも最高級グランクラーセ（特等寝台）とあって「まあいいか」と惰眠をむさぼっていたのだ。

　ところが頭上のスピーカーから「間もなく国境駅ポルト・ボウに到着」というアナウンスが流れるや、慌てて飛び起きる。ポルト・ボウ駅に到着直前、ある儀式が行われるからだ。

広軌も標準軌も、軌間に関係なく自由自在に走行可能なタルゴ。最新型は時速350kmの高速走行が目標である。

その儀式とはゲージ（軌間）の変換。わかりやすく言えば、国境を越えると線路幅が変わるのである。

フランスは1435ミリの標準軌、それに対してスペインは1668ミリの広軌である。もちろん線路の幅が異なっては列車は直通できない。かつては国境駅にてのんびり2時間ほど停車して、台車を交換したものだ。けれどもタルゴ列車に限っては直通可能である。

寝台車のガラス窓に額を押し付け前方を見る。駅が見えた。ポルト・ボウだ。列車はゆっくり駅へと進んで行く。その直前に小屋のような建物を通過する。そここそゲージの自動変換場所で、いわば秘密の小屋だ。足下で台車が「グゥー」と鳴いた。今まさに標準軌から広軌への自動変換が完了したのだ。

ポルト・ボウを発車した列車は再び速度をあげると8時24分、バルセロナのサンツ駅に歩を止めた。列車を降りると、真っ先に足下の線路をのぞき込む。車体幅いっぱいのまさに広い広軌である。狭軌の国、日本から来ただけに、ことさら広く感じる。

日本では明治政府の資金難によって安上がりな狭軌が採用されたが、スペインではなぜ広軌になったのだろう。その理由はナポレオンにあった。かつてスペインはナポレオン軍によって甚大な被害を被っている。国王はその時の痛みを忘れず、フランスとは異なる、広軌の鉄道建設を布告したのであった。標準軌を採用しなかったばかりに苦労しているのは日本もスペインも同じである。

DATA			
列車名	ジョアン・ミロ号		
運営会社	スペイン鉄道（Renfe Operadora）		
運行区間	バルセロナ～パリ	走行距離	1139km
軌間	1435～1668mm	所要時間	約12時間
運行本数	１日１往復		
備考	ジョアン・ミロ号に限らずスペイン国内には多数のタルゴ列車が運行している。ただしフランスとの国境や高速新線～在来線を通過しない限りゲージ変換は行われない。		
URL	http://www.renfe.es/		

⑬ ポルトガル 最西端の最西端

フランスとスペインとの国境の駅イルンより「シュド・エクスプレス」に乗り込む。シュドとはフランス語で南の意。直訳すれば、「南急行」となる。

けれども寝台車のベッドの上に地図を広げた私は首をひねった。この列車の目的地はポルトガルのリスボンである。確かにフランスから見れば、ポルトガルの方が南にあることは間違いない。だが、ポルトガルといえばユーラシア大陸最西端に位置する国。それなら列車名は「西急行」、百歩譲っても「西南急行」が妥当ではあるまいかと。

そんな一乗客の思いなど我関せずとばかりに「南急行」は夜のスペインを駆け抜け、ポルトガルで朝を迎えた。やがて10時53分、こぢんまりとしたリスボン・サンタ・アポローニャ駅に歩を止めた。小さいながらもこの駅こそ世界一広大なユーラシア大陸の最西端の終着駅なのである。

ポルトガル最西端の世界遺産シントラの玄関駅シントラにて発車を待つリスボン市内行き近郊電車。

ユーラシア大陸最西端のロカ岬。北緯38度47分、西経９度30分に位置する。

日本からもっとも近いユーラシア大陸最東端の始発駅が、ロシア極東のウラジオストク駅だとすれば、シベリア鉄道を乗り継いで、およそ10日目にして到達する終着駅が、ここサンタ・アポローニャ駅なのだ。それだけに感慨も一入《ひとしお》である。

ところがである。リスボンの街中にてサンタ・アポローニャ駅よりもさらに西に位置する駅を見つけてしまった。近郊電車の発着するロッシオ駅である。毒を食らわば皿まで、こうなったら、さらに西へ、線路が途切れるところまで行ってみようと思った。

果たしてロッシオ駅から乗った電車は緑の森の中にたたずむシントラ駅が終点だった。ここはかつての王室の避暑地で、今もなお宮殿が点在する景勝の地である。詩人バイロンに「エデンの園」と称賛され、世界遺産にも登録された。

驚くべきことにシントラ市内で、さらに西へと続く線路を発見してしまった。レールは枯れ葉に埋もれ、赤く錆《さ》びていたのでどうやら定期列車は走っていないようだが、これではどこが本物の最西端駅なのか、分からなくなってしまった。

けれども、そこからわずかな距離で陸地は絶え、海が広がった。そこがユーラシア大陸最西端のロカ岬であった。大西洋からの強風に煽《あお》られる断崖《だんがい》絶壁の突端には石塔が立っていた。そこには「ここに地果て、海始まる」と刻まれていた。

DATA			
列車名	シュド・エクスプレス		
運営会社	ポルトガル鉄道（Comboios de Portugal）		
運行区間	イルン〜リスボン	走行距離	1066km
軌　間	1668mm	所要時間	13時間03分
運行本数	1日1往復		
備　考	北急行（パリ〜コペンハーゲン）が廃止され、オリエント急行（ストラスブール〜ウィーン）がオリエントまで行かなくなった中、南急行には頑張ってもらいたい。		
URL	http://www.cp.pt		

⑭ ロシア 世界最長列車のすれ違い

全長9258km。世界最長の鉄道が「シベリア鉄道」であり、その全区間を直通する列車が「ロシア号」である。

どれほどの長距離かといえば、日本最北端の稚内駅《わっかない》から最南端の西大山駅（鹿児島県）までがおよそ3085kmなので、日本列島を三つ並べた距離に匹敵するというわけだ。ウラジオストク発、モスクワ行きの所要時間は148時間25分。車中6泊7日、1週間もの長旅である。ただしロシア号は毎日ではなく1日置きの隔日運行だ。

ここでクイズである。ウラジオストクを発車しモスクワへ向かう私が乗車した上りロシア号は、モスクワ始発の下りロシア号と、どのくらいの周期ですれ違うだろうか？　私はてっきり1日置きだと思っていた。ところが乗車してわかったことだが、毎日1回すれ違うのである。1日置きに発車する列車が、お互い近づいて来るわけだから、正解は毎日な

ロシア号のすれ違いを便座の蓋に上りトイレの窓から撮った貴重な１枚。その間トイレを独占してごめんなさい。

モスクワ時間を表示する時計とモスクワ時間の時刻表。

のだ。

　すれ違う時刻は車内に掲示された時刻表で予想がつく。ただし車内時計、時刻表ともモスクワ時間で表示されるため、ウラジオストク発車の時点では、現地時間と7時間ものズレがある。それが1週間後、モスクワ到着時に時差はゼロとなるので、車内では毎日時計の針を１時間戻す１日25時間体制がとられる。そのことが私の頭をますます混乱させた。

乗車１日目はすれ違いはないが、翌日は現地時間の11時40分にすれ違った。その翌日は10時36分だった。こうして、毎日１時間ずつ早く、34分から40分の間にすれ違うことを知る。

そしていよいよ４日目の朝９時30分、私はトイレに入り鍵《かぎ》を閉めた。なぜなら３月のシベリアは未だ氷雪の世界で窓を開けることなど許されない。唯一、この個室の窓のみオープン可なのだ。危なっかしいが便座上に立ち上がり、カメラを構える。氷点下の寒風にカメラを持つ手が震える。

１分、２分、３分……、来ない。遅れているのだろうか？寒風に指先が耐えられなくなったその時、紅《あか》い電気機関車を先頭にしたロシア号は目前を通過して行った。時刻は９時37分、計算通りだ。よし、明朝は８時半にはトイレに入ろう。

DATA			
列車名	ロシア号		
運営会社	ＲＺＤ（Russkiye Zheleznye Dorogi）		
運行区間	モスクワ～ウラジオストク	走行距離	9297㎞
軌間	1520㎜	所要時間	約150時間（６泊７日）
運行本数	１日１往復		
備考	現在ロシアの鉄道、特に駅構内は撮影が厳しく制限されている。モスクワの駅には禁煙より大きな禁カメラマークが表示されている。警官も多いので撮影は気をつけて。		
ＵＲＬ	http://www.intourist-jpn.co.jp/		

⑮ ロシア サハリンで活躍するキハ58

北海道最北端の稚内港を午前10時に出港した国際フェリー「アインス宗谷《そうや》号」は波高い宗谷海峡を横断し、15時30分、サハリンのコルサコフ港に入港した。

所要5時間半というとずいぶん遠く感じられるが、北海道最北端の宗谷岬からサハリン最南端のクリリオン岬までは43㎞に過ぎない。事実、好天なら稚内市内からサハリンの島影がはっきりと見える。

それほど近いサハリンだが、コルサコフ港はアニワ湾の最深部に位置するため航路そのものは210㎞あり、5時間半を要するというわけだ。下船の前に船内放送があって時計の針を2時間進める。日本の15時30分が、サハリンでは17時30分（サマータイム）というわけだが、北海道とほとんど同じ経度に位置しながら、今日からは2時間早寝、早起きしなければいけないというわけだ。

ユジノサハリンスク停車中のＪＲ東日本無償提供のキハ58。残念ながらこの光景も過去のものになってしまった。

それはさておき、下船した途端すべてが変わった。「アインス宗谷号」は稚内港を母港とする「東日本海フェリー」（現在はハートランドフェリー）の船であり船長以下乗組員は全員日本人。もちろん船内は日本の船そのものだった。

けれども船を降り立った瞬間、ブロンドに碧眼、キリル文字とロシア語というまったくの異文化の世界に放り込まれた。確かに韓国や台湾、中国は日本からもっとも近い外国である。けれどもそこはアジアであり共通の文化があり、顔立ちだって我々と変わらない。

サハリンに降り立っての第一印象は西洋であった。地理的にはいくら近くても、ここはアジアではなく、ヨーロッパであることを強

サハリン鉄道で動態保存されているD51-4号機。戦争の賠償で30両のD51が海を渡ったが、その中の1両である。

ユジノサハリンスク始発ノグリキ行きの夜行寝台列車サハリン急行。

烈に感じていた。

そんな私に思い切り日本を感じさせてくれたのが鉄道である。サハリン鉄道のターミナル、ユジノサハリンスク駅前には今もなお巨大なレーニン像が立っているが、その傍らには日本のD51形蒸気機関車が展示されていた。

戦前までサハリンの鉄道が日本の植民地、樺太庁だったことを物語る数少ない記念碑と思いきや、太平洋戦争の賠償で旧ソ連に無償提供したＤ51の１両だった。

さらに乗った列車が、私が学生時代によく利用した旧国鉄のキハ58形ディーゼルカーだった。こちらは近年になってＪＲ東日本より譲渡されたものだが、サハリンでは初の蛍光灯、扇風機付き近代車両だそうだ。それにしても行き先札が、「試運転」「臨時」なのには思わず噴飯である。

DATA			
鉄道名	サハリン鉄道		
運営会社	ＳＡＺ（Sakhalinskiye Zelenie）		
運行区間	ユジノサハリンスク〜ノグリキ	走行距離	613km
軌間	1067mm	所要時間	13時間30分
運行本数	１日１往復　他に区間列車あり		
備考	残念ながらＪＲ東日本から譲渡されたキハ５８系は全車両が廃車された。輸出ではなく無償譲渡だけに故障すると部品の提供もなく、そのままの姿で放置されている。		
ＵＲＬ	http://www.intourist-jpn.co.jp/		

トルコ

⑯ 欧州アジア鉄道連絡船

「オリエント急行」の終着駅として、１８８３年の一番列車から１９７７年の最終列車まで、95年間君臨したターミナルがイスタンブールのシルケジ駅である。現在ではルーマニアのブカレストや、ブルガリアのソフィアなど、東ヨーロッパからの夜行急行列車と、イスタンブールと郊外とを結ぶローカル電車の発着駅に過ぎないが、駅構内には今もなお、金色の「オリエント急行」のエンブレムが埋め込まれ、当時は着飾った紳士、淑女らでにぎわったであろう優雅な1等待合室も残され、栄光の時代を今に伝えている。

「オリエント急行」ではなく、ローカル電車からこの駅に降り立った私は、人影もまばらなシルケジ駅を背にして駅前広場に立った。目の前に広がる紺碧の水面はボスポラス海峡。ヨーロッパとアジアとを分かつ幅３㎞ほどの狭い海峡である。

今でこそ海峡架橋は複数あるが、いずれも道路橋ゆえに列車は通ることができない。

イスタンブールのヨーロッパ側、カラキョイ桟橋を出港するボスポラス海峡フェリー。アジアまでわずか15分！

「オリエント急行」の時代も今も、パリから続いてきた線路はここまで。シルケジ駅はまさにヨーロッパの終着駅なのである。

では、「オリエント急行」の乗客はどうやってボスポラス海峡を渡ったのかと言えば、鉄道連絡船（フェリー）に乗り換えアジア側の始発駅ハイダルパシャ駅へと向かったというわけだ。私もそれに倣ってカラキョイ桟橋からボスポラス海峡フェリーに乗船した。船賃は、「７５００００００ＴＬ」つまり７５０万トルコ・リラ（約６００円）。おっと、これは昨年までの船賃で、２００５年１月から７・５ＹＴＬ（新トルコ・リラ）に貨幣単位が切り下げられた。

トルコは０を一気に六つも取るという大胆なデノミを断行したというわけだ。これまで３桁《けた》、

4桁のデノミは珍しくなかったが、6桁ものデノミは新記録ではなかろうか。大枚750万トルコ・リラをキャッシュで支払うという金持ち気分も優越感ももう味わえなくなったのはちょっと残念だが、私のように0があまりに多すぎて余計に支払う心配もまたなくなったのである。

ボスポラス海峡フェリーはカラキョイ桟橋を出港した。目ざすはアジアサイドのハイダルパシャ桟橋。右にトプカプ宮殿、そしてブルーモスクを望みつつ船は行く。所要時間はたった15分。けれどもアジアサイドに降り立った瞬間、何もかも変わった。これぞ750万トルコ・リラの船旅。

アジアサイドのターミナル、ハイダルパシャ駅。アンカラやイズミール行きが発着する。

DATA			
航路名	ボスポラス海峡フェリー		
運営会社	Vapur（連絡船）		
運行区間	カラキョイ～ハイダルパシャ	走行距離	4.5km
所要時間	15分		
運行本数	朝6：15～深夜0：00、冬季は23：00まで頻発		
備考	アジア側のハイダルパシャ行きは2航路ありハイダルパシャ駅に行く場合は「H. Pasa」の表示の船に乗ること。船上で飲むチャイは格別。		
URL	http://www.tourismturkey.jp/		

アフリカ編

スペイン
モロッコ
地中海
⑰ジブラルタル海峡フェリー
エジプト
⑲エジプシャン・ワゴンリー
ケニア
⑱ケニア鉄道
ジャンボ・ケニア・デラックス
大西洋
⑳ブルートレイン
インド洋
南アフリカ

⑰ ヨーロッパ—アフリカ連絡船《モロッコ》

鉄道旅行の舞台をヨーロッパからアフリカへと転ずる前に、大西洋と地中海との接点に位置する「ジブラルタル海峡横断フェリー」に乗船したい。

なぜなら、これまで世界83ヵ国を旅してきた私だが、ジブラルタルほど気宇壮大にさせてくれる海峡は他に例をみないからだ。最狭部わずか14㎞という海峡の両岸には、英領ジブラルタル、スペイン、モロッコ、そしてスペイン領セウタの延べ4ヵ国が対峙《たいじ》している。海峡に突出するジブラルタルの最高峰、標高426メートルのターリク山に登れば、この4ヵ国を同時に眺めることができる。世界広しといえども、こんな場所、他にあるだろうか。

かつてはスペイン領だったジブラルタルが、英国の植民地となったのは1713年のこと。それ以来、およそ300年間にわたって英国は海峡を行き交う船に睨《にら》みを利かせてき

タンジール港に入港するジブラルタル海峡横断フェリー。
ポール駅で待つのはカサブランカ行きの急行ベータ号。

た。もちろん、その300年間、スペインは返還を要求し続けてはきたが、今なお英国は手放そうとはしない。

スペインのことが少々気の毒にもなったが、そのスペインもジブラルタル海峡の対岸、アフリカ大陸はモロッコの大地に、セウタ、メリリャという二つの植民地を保有している。セウタは1688年から、メリリャは1497年からというから、ジブラルタルよりもさらに長期間支配し続けているわけだ。英国とスペイン、どっちもどっちなのである。けれども、その結果、旅行者にとっては、この狭いジブラルタル海峡エリアで、言語も通貨も文化も異なる魅力的な旅が味わえるのである。

さて、スペインのアルヘシラス港からジブ

ジブラルタル海峡のほぼ中央にて忽然と姿を
現したアビラ岩。そこはもうアフリカ大陸だ。

タンジール・ガールに停車中の急行ベーダ号。
カサブランカまでの所要時間は約５時間45分。

ラルタル海峡フェリーに乗船する。目的地は対岸モロッコのタンジール港である。海峡間は14㎞ながら、航路そのものは63㎞。1万トン級の大型フェリーで2時間半の船旅だ。海峡に突出するジブラルタル岩に見送られ、やがて対岸にそびえ立つアビラ岩に迎えられる船旅は楽しい。そのアビラ岩は、遠くギリシャ時代には「ヘラクレスの柱」と呼ばれ、アトラスの神がこの柱によって天空を支えたと信じられていたそうだが、この岩こそ、初めて目にするアフリカ大陸なのである。

ジブラルタル海峡を横断したフェリーはモロッコの玄関タンジール港に入港した。その桟橋で待っていたのはカサブランカ行きの急行列車である。フェリーを降りたその足で、列車に乗る行為がとても懐かしい。日本でもかつては青森駅や函館《はこだて》駅、宇野駅や高松駅などで鉄道連絡船に接続して列車が発着していた。その情景が思い起こされた。

DATA			
航路名	ジブラルタル海峡横断フェリー		
運営会社	Trasmediterranea		
運行区間	アルヘシラス〜タンジール	走行距離	63㎞
所要時間	2時間30分		
運行本数	1日4往復、他に高速船（所要1時間30分）6往復運航。夏季シーズンは増便あり		
備考	ハイドロと呼ばれる高速船の方が便数も多いが、船旅の情緒からして大型フェリーをお奨めしたい。なおスペインとモロッコの間には時差があるので要注意。		

⑱ ケニア
人食い鉄道

キリンにシマウマ、インパラにガゼル。これらはケニア鉄道の車窓から実際に私が見た野生動物である。けれども私が見つけたわけではない。乗り合わせたケニア人乗客アケチさんの、4人の子供たちがいち早く見つけ教えてくれたのだ。

もし彼らがいなかったら、キリンぐらいしか見つけられなかっただろう。それにシマウマはともかく、インパラとガゼルは似ているから、最初は同じ種類にしか見えなかった。生まれたときからサバンナに親しんでいる彼らの視力は、優に3・0以上あるのでは？

さて、今でこそ走行中の列車から野生動物を眺められるとあって人気のケニア鉄道だが、1896年に始まった鉄道建設当時は「人食い鉄道」という恐ろしいニックネームで呼ばれていた。なぜなら、インド洋に臨むモンバサ港から、内陸のウガンダ目ざし工事は進められたが、途中のツァボに狂暴なライオンが生息しており、工事人が毎晩1人ずつ食い殺

ジャンボ・ケニア・デラックス。ケニア鉄道きっての優等列車で食堂車では３コース・ディナーが提供される。

されたのだそうだ。犠牲者の数は実に２００人。その多くは粗末なテント小屋での事故だったが、とりわけ壮絶だったのが英国人鉄道技師ライアル監督。彼はテントではなく寝台車に寝泊まりしていたが、なんとライオンに引きずり出され、食い殺されている。英国では『ツァボの人食いライオン』という題名で出版、映画化され、それを小説化したものが戸川幸夫氏の『人喰鉄道』である。

そのライオンは射殺されたが、今もなおケニア鉄道のトレードマークの中に生きている。絵柄は下にインド洋、上にビクトリア湖。両者を結ぶのがケニア鉄道の線路で、その上を闊歩《かっぽ》するのが、くだんの人食いライオンだ。

数多くの野生動物を見せてくれたケニア鉄

道は終点ナイロビ駅に到着した。アケチファミリーに別れを告げると、私は鉄道博物館へと向かった。そこにライアル監督が寝泊まりしていた寝台車が保存されていると聞いたからだ。

寝台車は予想以上に頑丈で立派なものだった。車内に入るとライアル監督が使用していたソファベッドがあった。試しに横になってみる。その途端、全身に悪寒が走り、たまらず寝台車から飛び降りた。

ケニア鉄道の社紋。線路を闊歩するのは人食いライオン？

DATA			
列車名	ジャンボ・ケニア・デラックス		
運営会社	KR（Kenya Railways）		
運行区間	モンバサ〜ナイロビ	走行距離	530km
軌間	1000mm	所要時間	14時間
運行本数	週3往復		
備考	食堂車では本格的なディナーが供される。ワインも各種取り揃えられていた。鉄道博物館はナイロビ駅から徒歩10分、ガーラット式蒸気機関車なども保存されている。		

⑲ エジプト 読めない時刻表

いつもは結構おしゃべりな私だが、時として無口になることもある。いや無口というよりも、無言といったほうがより正しい。

エジプトはナイル河の上流に位置するアスワン駅に降り立った時が、まさにそうだった。首都カイロから乗った列車は「エジプシャン・ワゴンリー」アスワン行き。エジプト国鉄きっての豪華寝台特急である。この列車は外国人旅行者が多いこともあって、車掌長以下クルー全員が流暢《りゅうちょう》な英語で応対してくれた。

ラウンジカーにて食後のコーヒーを楽しんでいた時も、話しかけてきたのはイギリス人観光客。その後の会話は下車するまでもちろん英語である。仮にも英語が通じてしまうと現地の言葉を勉強しようという殊勝な気持ちはどこへやら。せっかく持参したアラビア語会話帳もスーツケースの奥底に眠ったままだった。

٢٠

تابع : خــط الإسكندرية - طنطا - القاهرة

• قطارات إكسبريس درجة أولى وثانية مكيفتا الهواء وقطارات إكسبريس درجة ٣،٢

المحطات		٩١٤	٢٠ ك	٩١٦	٥٨٦ ثانية	٩١٨	٩٢٢	٢٤ ك	١٦ ك
الإسكندرية	قيام	١٣ ٠٠	١٣ ١٠	١٤ ٠٠	١٤ ١٠	١٥ ٠٠	١٥ ٣٠	١٥ ٤٠	١٥ ٥٠
سيدى جابر	وصول	١٣ ٠٨	١٣ ١٨	١٤ ٠٨	١٤ ١٨	١٥ ٠٨	١٥ ٣٨	١٥ ٤٨	١٥ ٥٨
	قيام	١٣ ١١	١٣ ٢١	١٤ ١٥	١٤ ٢١	١٥ ١٢	١٥ ٤١	١٥ ٥١	١٦ ٠١
كفرالدوار	قيام	-	١٣ ٤٠	-	١٤ ٤٠	-	-	١٦ ١٠	١٦ ٢٠
أبوحمص	قيام	-	١٣ ٥٧	-	١٤ ٥٧	-	-	١٦ ٢٧	١٦ ٣٧
دمنهور	وصول	١٣ ٤٧	١٤ ١١	-	١٥ ١٠	-	١٦ ١٧	١٦ ٤٠	١٦ ٥٠
	قيام	١٣ ٥٠	١٤ ١٣	-	١٥ ١٣	-	١٦ ٢٠	١٦ ٤٣	١٦ ٥٥
إيتاى البارود	قيام	١٤ ٠٩	١٤ ٣٢	-	١٥ ٣٤	-	-	١٧ ٠٤	١٧ ١٦
التوفيقية	قيام	-	١٤ ٤٥	-	-.	-	-	١٧ ١٧	١٧ ٢٩

私にはまったく解読不可能だったアラビア文字の時刻表。
唯一理解できたのは円盤型のエアコンのファンマーク。

そして翌朝8時15分、快適な夜を提供してくれた「エジプシャン・ワゴンリー」は終点のアスワン駅に滑り込んだ。クルーや乗客たちに「グッバイ！」と英語で別れを告げたその直後、私は突然言葉を失った。

出札窓口にて、さらなる目的地アスワンハイダム行きの切符を買おうとしたのだが、英語がまるで通じない。それどころか返って来たのは私にはまったく理解できない言葉であり「解らないよ」といくら手を振っても、彼はお構いなしでとうとうとしゃべり続けるのみ。頼みの綱のアラビア語会話帳もスーツケースの中で万事休す。なすすべもなく、私は無言で立ちつくすのみだった。

と、その時、差し出されたのが時刻表だっ

た。どこに行きたいのか、どの列車に乗りたいのか、指さして示せというわけだ。時刻表なら得意である。なにしろ私は「トーマスクック国際時刻表」の愛読者であり、定期購読している。書式は万国共通で縦軸に駅名、横軸には列車。日本の時刻表と基本的には同じである。

ところがである。窓口氏に手渡された時刻表は、まるで理解できない代物だった。駅名ばかりか時刻までもがアラビア文字だったのだ。これが本物のアラビア数字というものなのか。

その中で、唯一理解できたのは扇風機の恰好《かっこう》をした円盤マーク。それはエアコン付き列車のこと。普通運賃のほかにエアコン料金が加算される列車である。

DATA			
列車名	エジプシャン・ワゴンリー		
運営会社	Wagon-Lits Egypt		
運行区間	カイロ～アスワン	走行距離	879㎞
軌間	1435㎜	所要時間	12時間15分
運行本数	１日３往復、他にローカル列車多数あり		
備考	イスラム教を国教とするエジプトながら「エジプシャン・ワゴンリー」の外国人専用クラブカーに限ってはアルコール飲料を堂々と飲むことができる。		
URL	http://www.egypt.or.jp/		

⑳ 南アフリカ
ブルートレインのバスタブ

のっけから私事で恐縮だが、私は風呂《ふろ》好きである。少なくともわが家では、風呂に入らない日はまずない。たとえ歯磨きは忘れても、入浴は欠かさない。熱い湯船にザブンと浸《つ》かって、「ふわぁー」とやるのが、1日の締めくくりになっているのだ。

けれども海外となると事情は異なる。シャワーしかないホテルも多いからだ。シャワーでも一応サッパリするし、ないよりはましだが、充実感がまるで違う。第一、「ふわぁー」ができないではないか。入浴習慣のない国に生まれた人たちには、あの喜びはわからないだろうなと思う。

さて列車では、日本にも海外にもオーバーナイトで走る寝台列車にシャワー付きは少なくない。その中にはすべての個室にシャワーを完備した豪華寝台列車も存在する。南アフリカを走る「ブルートレイン」と、「ロボスレイル」もその一つ。いずれも全キャビンに

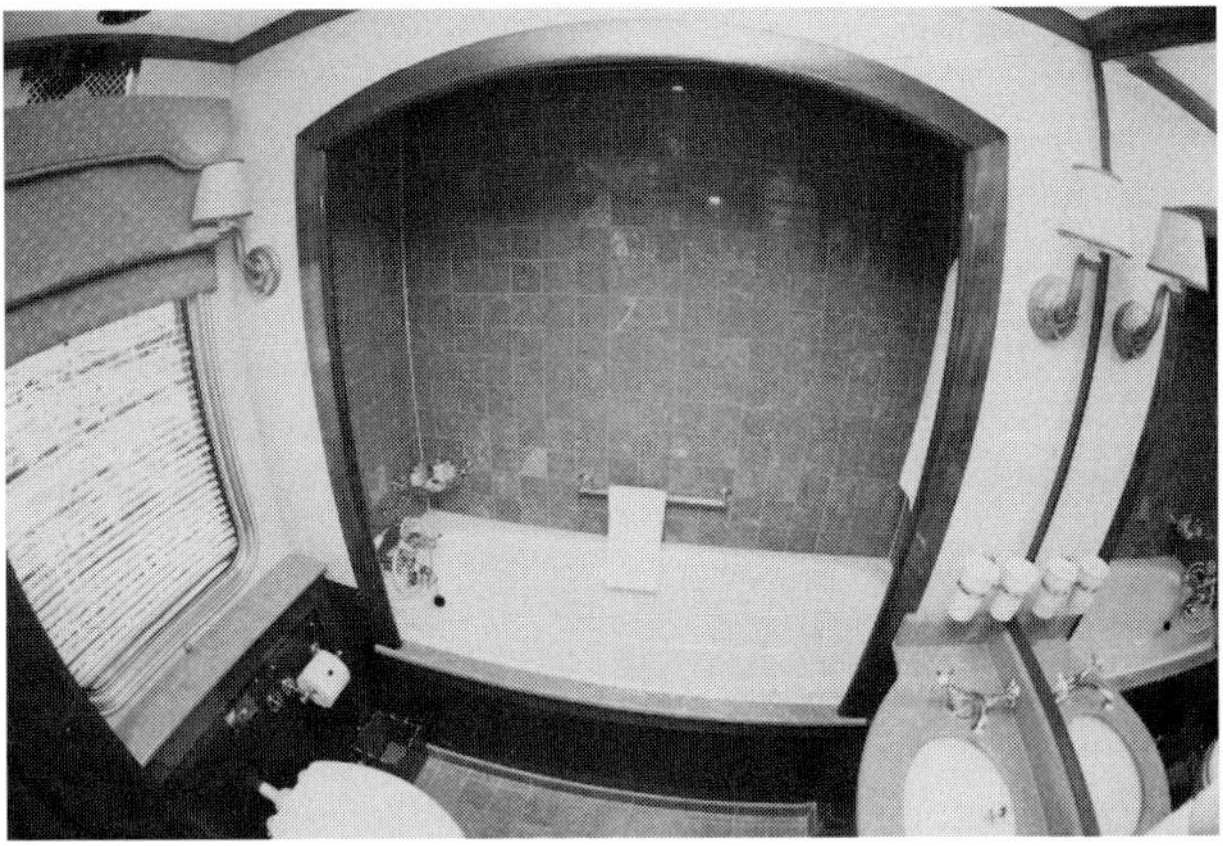

走る車内で入浴という究極の鉄道旅を堪能させてくれた
ブルートレインの大理石のバスルーム。ああ、極楽々々。

シャワーを完備している上に、上級のスイートルーム（ブルートレインではラグジュアリークラス）にはバスタブがあるのだ。風呂好きとしては、ここは奮発してスイートを予約したことは言うまでもない。

さあ、その入浴インプレッションだが、大いに感心したのは「ブルートレイン」であった。まず大理石造りのバスルームのゴージャスなこと。列車内という限られたスペースながら狭苦しい印象はまるでない。バスタブも全長2メートルのフルサイズだ。発車早々、ものは試しとバスタブに湯を満たし初入浴。ザブンと行きたいところだが、なにしろ走行中の列車である。振動で湯をこぼすまいと、つま先からそうっと入浴する。

マイキスフォンテン駅に停車中のブルートレイン。先頭は重連の電気機関車。

ところがである。心配に反して湯はまったくこぼれない。これは私の入浴の仕方がいかに上手《うま》いかを自慢しているわけではない。湯船の縁にいわゆる波返しが付いていて、元々こぼれにくいように配慮されていたからだ。なるほどである。

ところで、わが日本にもバスタブ付き豪華寝台列車があった。主に行楽シーズンに上野―札幌間などを走った「夢空間」だ。もちろんこの列車でも入浴してみたが、バスタブがビジネスホテルによくある小さなユニットバスで、湯ったりとはいかなかった。風呂好き日本の豪華列車なのだから、檜《ひのき》風呂で「ふわぁー」っとやりたいものである。

DATA			
列車名	ブルートレイン		
運営会社	ザ・ブルー・トレイン（The Blue Train）		
運行区間	プレトリア～ケープタウン	走行距離	1600㎞
軌間	1067㎜	所要時間	約27時間（1泊2日）
運行本数	月間3～12便		
備考	寝台車のグレードはラグジュアリーとデラックスの2種類あるが、バスタブ標準完備はラグジュアリー。デラックスはシャワーかバスタブかを選択する。		
URL	http://www.bluetrain.co.za/		

アジア編

日本
㉚韓流超特急KTX
韓国
㉗中国鉄道博物館
中国
㉖上海磁浮列車
SMT
太平洋
㉘阿里山森林鉄道
台湾
㉙香港2階建てトラム
ミャンマー
㉕メトロ・トレン
㉓ミャンマー国鉄
バゴー駅
南シナ海
フィリピン
タイ
㉑ナムトク線
旧泰緬鉄道
㉒イースタン＆オリエンタル急行
マレーシア
インド洋
㉔エクセクティフ・トレイン
インドネシア

㉑ 泰緬《タイ》鉄道と身長別運賃

今年もまた8月15日の終戦記念日が近づいてきた。多くの国民にとっての関心事は、首相の靖国《やすくに》参拝だろうが、その靖国神社に1台の蒸気機関車が奉納されていることを知る人は少ないのではなかろうか。

機関車の名は「C56」。昭和11年に名古屋の日本車両で製造され、石川県の七尾線で活躍していたが、第2次世界大戦とともに徴用されて南方へと出征した90両の蒸気機関車の1両である。その使命は、タイ―ビルマ（現ミャンマー）間の補給路確保のため、突貫工事で建設された全長415㎞の軍用鉄道、泰緬《たいめん》鉄道にあった。

戦後この機関車はタイ国鉄に残り、黙々と走り続けてきたが、ディーゼル化により昭和52年に引退。同54年にタイ国鉄より譲渡され、靖国神社に奉納されたのである。いわば、戦争の悲惨さを見つめ続けてきた蒸気機関車なのだ。

タイ国鉄では各駅にある身長別運賃指標。ただし大人の場合にはたとえ身長 150 センチ以下でも適用外となる。

さて全長４１５km あった泰緬鉄道だが、ミャンマー側と国境周辺のレールは撤去されたものの、タイ国内には１２７km余りがナムトク線として存続している。１日わずか２往復という超ローカル線だが、もちろん乗車できる。

そのナムトク行き列車の始発駅、バンコク・トンブリ駅で私は珍しいものを発見した。ペンキで描かれた人形《ひとがた》である。いったい何かと駅員に聞いてみれば、子供の運賃指標で、身長１メートル以下は無料、１メートル50センチまでが半額、それ以上は大人と同額だそうだ。つまりタイでは小柄な方が得というわけ。ただし大人は適用外である。

「あなたはもちろん大人の運賃」と、駅員に釘《くぎ》をさされ、大人の切符を購入して乗り込めばナムトク行きは発車した。

およそ1時間半後、ノンプラドック駅を過ぎるといよいよこの先がかつての泰緬鉄道である。

映画「戦場にかける橋」で有名なクワイ川鉄橋駅にも蒸気機関車C56は展示されていた。ただし日本の機関車のような黒一色ではなく、タイ風の水色の塗装が涼しげだ。そのクワイ川鉄橋駅から遠足の子供たちが乗り込んできた。大きな子もいれば、小さな子もいる。思わず身長別の運賃を思い出して一人苦笑する。

かつての軍用鉄道、そして終戦記念日というだけで重苦しい気分だったが、子供たちの元気な姿に救われる思いがした。

もちろん、身長別の運賃が世界遺産になるとは思わないが、泰緬鉄道は戦場の鉄道として貴重な歴史の生き証人。加害者たる我々日本人にとっては消し去りたい過去かもしれないが、だからこそ負の遺産として残すべき鉄道であろう。

DATA			
鉄道名	ナムトク線（旧泰緬鉄道）		
運営会社	タイ国鉄（State railway of Thailand ）		
運行区間	バンコク・トンブリ～ナムトク	走行距離	210km
軌間	1000mm	所要時間	4時間35分
運行本数	1日2往復、休日は増便あり		
備考	身長別の運賃は中国や台湾などでも導入されている。理に叶っているようにも思えるが、同い年、同級生で運賃が異なるのはちょっと可哀相。		
URL	http://www.railway.co.th/		

アルヒル木造桟道を最徐行で進むナムトク線。
泰緬鉄道建設最大の難所の一つに数えられる。

マレーシア

㉒ 思い出の郵便ポスト

マレー半島2000㎞を縦断する「E&O（イースタン&オリエンタル急行）」には、これまで何度も乗車している。マレーやタイ風の車内インテリアは、エキゾチシズムにあふれ、トロピカルフルーツを多用した料理は格別であり、椰子の葉そよぐ車窓風景も飽きることはない。アジアではもちろん最高、世界でも五指に数えられる豪華列車である。

マレーシアではバターワース駅にておよそ3時間停車する。その間、乗客たちは対岸に浮かぶペナン島観光へ。そんなうれしいサービスがあるのも「E&O」ならではの特徴だ。けれどもこの日の私はペナン島へは向かわずに車内に留まった。体調が悪かったわけではない。下車しなかった理由はただ一つ。ある疑問を解くためだ。

その疑問とは、ペナン島から戻ると展望車の向きが逆転していることにあった。

バターワース駅は行き止まり式の駅でここで進行方向が変わる。展望車は後部がオープ

ターンテーブルにて方向転換し再び最後尾に連結し直されたＥ＆Ｏの展望車。ペナン島対岸バターワース駅にて。

Ｅ＆Ｏの車体に残されている郵便ポスト。これまでにどれほど多くの人々の手紙を運んできたことであろうか。

ンデッキだからそれが先頭、つまり機関車の後では眺望も台無しである。

そこで進行方向が変わっても展望車が最後部になるように編成全体をデルタ線やループ線を介し、向きを変えることは欧米ではよくあること。日本でもかつて、展望車付きの特急「つばめ」などが東京と大阪とで迂回《うかい》線を経由して向きを変えていた。

ところが、E&Oの場合は展望車だけの向きが変わり、他の寝台車は到着したときのままなのだ。これは魔訶《まか》不思議。そこでこの目で確かめるために、列車に居残ったのである。

結論から言えば、乗客たちがペナン島へと向かった後、展望車だけを切り離しておよそ500メートル先の機関区まで回送。ターンテーブルで向きを変え戻ってくるのである。手品のタネと同じで、知ってしまえば何のことはない。むしろ見なかった方がよかったかなと思う。

けれども方向転換作業中に珍しいものを見つけた。車体サイドの郵便ポストである。トレインマネージャーの話では、かつてこの列車が、ニュージーランドを走っていたころの名残なのだそうだ。このポストに投函すればいち早く郵便物が届いたという。さらに、郵便ポストの下には「1972年、日本車輛《しゃりょう》、日立製作所」というメーカーズプレートが残されていた。

　そこでこの車両の経歴を調べてみれば、1972年に日本で製造され、ニュージーランド国鉄で活躍していた寝台特急「シルバースター号」だった。しかしながら、航空機の発達とモータリゼーションによって1979年に廃止される。その車体をシンガポールの車両工場にて大改造し生まれ変わったのが、E&Oというわけだ。したがって、1度ならず、2度も海を渡った寝台車なのである。

　ところで日本では1970年代に大活躍した昼夜兼行の電車寝台に583系があるが、583系独特の2重窓ガラスの間の回転式ブラインドが、E&Oにもそっくり残されている。メーカーズプレートとともに日本生まれの証《あかし》である。

DATA			
列車名	E&O（イースタン&オリエンタル急行）		
運営会社	Eastern & Oriental Express		
運行区間	バンコク～シンガポール間。他にチェンマイ特別運行、ラオスツアーなどもある		
走行距離	約2000㎞（バンコク～シンガポール）	軌間	1000㎜
所要時間	3泊4日	運行本数	月間1～4便
備考	デビューから15年、アジア随一の豪華列車として定着したE&O。ハード面や食事も然る事ながら、クルーの笑顔と優しい心遣いも特筆。クルーの多くはタイの青年だ。		
URL	http://www.orient-express.com		

㉓ ミャンマー
竪琴と幻の機関車

私の世代ではミャンマーというよりも、ビルマと呼んだほうがしっくりする。そしてビルマといえば、真先に脳裏に浮かんで来るのが『ビルマの竪琴』の水島上等兵だ。あの憂いを帯びた表情と「埴生《はにゅう》の宿」の切なくも優しい旋律が蘇る。

竹山道雄の小説『ビルマの竪琴』は何度も映画化されてきた。もっとも記憶に新しい水島上等兵は、中井貴一である。戦争を題材にした数ある映画の中でも、『ビルマの竪琴』ほど、心に染み入る作品を私は知らない。それだけにヤンゴン国際空港へと向かう飛行機の中で、水島上等兵はまだどこかにいるのではなかろうかと淡い期待さえ抱いていた。けれども『ビルマの竪琴』は、あくまでも小説であり、水島上等兵もまた架空の人物なのである。

首都ヤンゴンは近代的とは言い難いが、首都らしい活気と喧噪《けんそう》に満ちていた。この街も

バゴーにて蒸気機関車を撮影していると、どこからともなく少年僧が現れた。もしや水島上等兵の生まれ変わり？

またヤンゴンではなく、旧称のラングーンの方が耳に馴染む。行き交う車の間を縫って、黄色い衣を纏《まと》った僧侶《そうりょ》が足早に道路を横切る。もしや水島上等兵ではと、はっとすることもしばしばだ。実在しえないと頭では知りつつも、生きていれば80歳は超えているだろう、などとあれこれ想像してしまうのだ。

ヤンゴン中央駅から列車でバゴーへと向かう。線路幅1メートルの狭軌鉄道で、乗り心地はすこぶる悪い。それもそのはず、ミャンマーの鉄道は英国統治時代に、インドの技術によって建設されている。当時インドでは狭軌から広軌（１６７６ミリ）への改良工事中で、大量に余剰となった狭軌用の線路や資材を運び込んでの建設となった。したがってミャンマーの鉄道は最初から中古品というわけだ。その上、軍事政権に喘《あえ》ぐ今日のミャンマーでは鉄道の改良工事も覚束《おぼつか》無い。乗り心地が最悪なのも致し方ない。

けれども古都バゴーでは素敵なものが私を待っていた。英国製の蒸気機関車だ。近代化されなかったがゆえに今日まで生き残ったというわけだ。さっそくカメラを構える。するとどこからともなく、機関車の前に、紅い僧衣を纏ったかわいいお坊さんが現れた。そして何とも言えないつぶらな瞳《ひとみ》に見つめられる。私はとっさに機関車ではなく、かわいいお坊さんにピントを合わせていた。この少年こそ、水島上等兵の生まれ変わりに思われてならなかった。

DATA			
鉄道名	ミャンマー国鉄		
運営会社	MR（Myanmar Railway）		
運行区間	ヤンゴン〜マンダレー	走行距離	622㎞
軌間	1000㎜	所要時間	約16時間
運行本数	1日6往復、他に区間列車あり		
備考	軍事政権下のミャンマーにおいて快適な鉄道旅行は期待できない。百戦練磨の私でさえあまりの酷さに列車を降りて乗り合いバス（トラック改造）に乗り換えたほど。		

㉔ インドネシア
エクセクティフ・トレイン

「明朝8時発の特急で、ジョクジャカルタ1枚！」と、ジャカルタ・ガンビル駅の窓口に申し込む。

ガンビル駅は首都ジャカルタの中心地に位置する主要駅だけに、英語も難なく通じた。けれども敬虔《けいけん》なイスラム教徒の証、ソンコ帽を被った駅員は「エクセクティフ・トレイン？」と私に聞いた。

いったい何のことだろう。首をひねっていると「EKSEKUTIF」と印刷された切符を見せる。ますます分からない。すると「ビジネス？」と言いながら差し出したのは、「BISNIS」切符であり、さらに「EKONOMI（エコノミー）」なる粗末な切符も見せてくれた。運賃はそれぞれ、21万、10万、3万8000ルピアである。なるほどこれは等級のことであり、エクセクティフとは1等というわけだ。

ジャカルタ・ガンビル駅にて発車を待つエクセクティフ・トレイン。先頭は米国ＧＥ製の電気式ディーゼル機関車。

彼に勧められるままに21万ルピアのエクセクティフを買ったが、ゼロが４個も並んでいるだけに、やたら高額に感じられる。けれども日本円に換算すれば約２７００円。ジャカルター―ジョクジャカルタ間は５２７㎞あり、ほぼ東京―大阪間に匹敵する。しかも1等であることを思えば、決して高いものではない。ちなみにエコノミー（３等）なら５００円足らずである。

無事に明日のチケットを入手したところで改めて券面に記された事項を確認する。インドネシア語ならともかく、英語の「ＥＸＥＣＵＴＩＶＥ」が、発音もスペルもずいぶん変化していることに驚く。事実、タクシーは「ＴＡＫＳＩ」だ。

かくて翌朝8時、ジョクジャカルタ行き特急の客となった。昨日の切符購入時にエクセクティフは1等の意、そこまでは分かっていたが、実際に乗車してみれば、7両編成の全車両が1等車である。なるほど「エクセクティフ・トレイン」だ。

発車と同時に美人クルーによる紅茶のサービスが始まり、正午にはランチが供された。それらはすべて無料である。さらに6号車にはマッサージ室が完備し、なんと日本語で「中村整体」と記された指圧師が乗務していた。料金は1時間5万ルピア（約650円）。オール1等車といい、車内マッサージといい、これは本物のエグゼクティブ御用達列車である。

DATA			
列車名	エクセクティフ・トレイン		
運営会社	ＰＴ．ＫＡＩ（PT.Kereta Api (Persero)）		
運行区間	ジャカルタ～ジョクジャカルタ	走行距離	522km
軌間	1067mm	所要時間	６時間58分
運行本数	１日６往復、他に区間列車あり		
備考	本文には記さなかったがサービスの紅茶や食事の前に、有料の車内販売が行われる。空腹だとここで買ってしまい、後の祭りとなる。なかなか上手い商売だ。		
ＵＲＬ	http://www.infoka.kereta-api.com/		

㉕ 三角屋根の理由
フィリピン

人口1000万人を擁する首都のメトロ・マニラには、LRT(ライト・レイル・トランジット)と、MRT(マス・ラピッド・トランジット)という名の近代的な高架鉄道が走っている。

運賃は9・5ペソ(約30円)からと安価ながら、速いし、エアコン完備だし、なかなか快適だ。ことにMRT2号線は韓国製の新車で、高架下に広がる町並みがマニラでなかったら、東京の地下鉄に乗り高架区間を走っている気分。乗客もまた身ぎれいな人が多く、「電車も乗客もきれいすぎて、意外だなあ」と落胆したほどだった。

ところがである。MRT3号線のマガラネス駅で下車し、その高架下に位置する国鉄エドサ駅まで行ってうれしくなった。そこにはLRT、MRTとはまったく異なる、私の抱いていたイメージ通りのオンボロ鉄道があったからだ。

けたたましく警笛を鳴らしながらマニラ市内を行くメトロ・トレン。客車は三角屋根のユニークなスタイル。

バラック然とした待合室の壁にチョークで手書きされた時刻表を見る。「メトロ・トレン」（首都近郊列車）の運転間隔は1—2時間おき。LRT、MRTの3分間隔と比べれば、実にのんびりとした列車ダイヤだ。次の列車まで待ち時間は30分ほど。私は座るのにも勇気がいるような汚れたベンチに、えい、ままよとばかり腰掛けた。

すると、どこからともなくリヤカーにも似たお手製のトロッコが走ってきて、私の前で止まった。

「ヘイ、どこまで行くんだい。1ペソで行くよ！」なんとそれは線路を走る白タク・トロッコだった。「スケータ」という名前だそうだ。興味はあったが、こんなものに乗って列車と正面衝突したらひとたまりもない。くわばら、くわばら。私は首を横に振った。

やがて警笛がけたたましく鳴り響き「メトロ・トレン」が現れた。本物の列車の登場で「スケータ」たちは蜘蛛《くも》の子を散らすように線路上から逃げ去った。

「メトロ・トレン」、それは驚くほどボロイ列車であった。屋根が三角形に尖《とが》っているのでてっきりエアコンかと思ったが、乗ってみれば暖房車だ。運賃わずか3ペソ（約9円）ではエアコンなどあるはずもない。

それにしても三角屋根とは変わった列車である。これまで世界83ヵ国を旅してきて、初めて見たスタイルだ。後になって三角屋根の理由は、無賃乗車対策にあったことを知る。こんな三角屋根では取り付く島はない。

DATA			
列車名	ビコール・エクスプレス		
運営会社	PNR（Philippine National Railways）		
運行区間	マニラ～レガスピ	走行距離	479km
軌間	1067mm	所要時間	15時間40分
運行本数	1日1往復		
備考	三角屋根の種車は分からなかったが、ビコール・エクスプレスは明らかに日本のオハ12系。しかも糸魚川行きの方向幕までちゃんと残っていた。		
URL	http://www.pnr.gov.ph/		

㉖ 中国 時速４３０kmのＳＭＴ

揚子江《ようすこう》の岸辺に開港したピッカピカの上海浦東《ほとう》国際空港に降り立つ。上海は３年振りだが、当時は古風でローカル色も豊かな虹橋《こうきょう》空港に着陸したものだから、その変貌《へんぼう》ぶりには目を見張るばかりだ。まさに気分はお上りさんである。

キョロキョロしながら入国、そして税関審査を済ませターミナルビルを出てみれば、目の前に今回の旅の最大の目的である「ＳＭＴ」の乗り場はあった。

ＳＭＴとは「シャンハイ・マグレブ・トレイン」の略で、中国語では「上海磁浮列車」。つまりリニア・モーターカーのこと。車体はドイツ製で最高時速はなんと４３０kmを誇り、２００３年には世界一の高速列車としてギネスブックにも登録されている。運行区間は空港駅から都心入口の龍陽路《りゅうようろ》駅までの約30kmだ。

さて、切符はどうすれば買えるのだろう。

最高時速431㎞で上海浦東国際空港へと磁気浮上走行する上海磁浮列車ＳＭＴ。そのスピードは驚異的である。

中国国鉄の切符購入の大変さを知っているだけに筆談で行こうかあれこれ作戦を練る。けれども何の苦労もなく入手できてしまった。英語が通じたからだ。

ちなみに運賃は50元（約７００円）。空港バスの18元と比較すれば割高だが、私にとっては時速４３０㎞を７００円で体験できるのだから、安いものである。

さあ、いよいよ乗車である。美人服務員に笑顔で迎えられるが、内心は緊張でドキドキだ。恥ずかしながら今から40年ほど前に、手に汗握りながら、初めて東海道新幹線に乗った時の恐怖心と緊張感とを思い出す。座席が新幹線と同じ３人掛けなのでなおさらだ。「プッシュッ！」とドアが閉まる。と同時に車体が５センチほど浮き上がったかな？　と思いきや、その時すでにＳＭＴは滑るかのように動き出していた。

周りの風景が広々しているのでスピード感はあまりないが、目前の速度計はグングン上昇していく。発車してわずか３分30秒でついに最高時速４３０kmに達し、勢い余ってか、４３１kmを表示する。けれどもそれはほんの僅《わず》かなことで、十数秒後には早くもブレーキがかかり、終点の龍陽路駅にピタリと止まった。それは空港駅を発車して７分20秒後のことだった。

ＳＭＴを降りてから初めて速さを実感していた。なんたって全長30kmをたった７分20秒である。成田空港から都心までは約60km。もしこれが日本にあったら15分なのだ。お上りさんとしては羨《うらや》ましい限りである。

DATA			
列車名	ＳＭＴ（Shanghai Maglev Train）		
運営会社	上海磁浮交通発展有限公司		
運行区間	浦東国際空港〜龍陽路	走行距離	約30km
所要時間	７分20秒		
運行本数	15〜30分間隔		
備考	とにかく速い。感動的なハイスピードである。ちょうど中間地点で上下列車がすれ違うのだが、あまりに速くすれ違う瞬間を撮影することはとうとうできなかったほど。		
ＵＲＬ	http://www.smtdc.com		

中国

㉗ 中国鉄道博物館

「北京に世界一の鉄道博物館ができましたよ。もう行きましたか？」

そんな耳寄りな情報をもたらしてくれたのは、中国人留学生の楊《よう》さんであった。世界一は英国の国立ヨーク鉄道博物館のはずだが、そう聞いては居ても立っても居られない。そこで北京の首都国際空港に降り立ったその足で「中国鉄道博物館・機車車輛陳列庁」へと向かった。

だが、空港から乗ったタクシー運転手は鉄道博物館の存在を知らなかった。無理もない。博物館そのものが公道に面してはおらず、中国鉄道部科学技術院試験場の敷地内、つまり一般人が簡単に入れるような場所にはなかったからだ。

何度も迷いつつも、ようやく博物館にたどり着く。いやはや驚いた。その建物の大きいこと。全長300メートル、スタジアムを思わせる巨大なものだ。その館内には黒光りす

中国鉄道博物館の中でもホール中央に鎮座する「毛澤東号」と「朱徳号」、いずれも日本製の蒸気機関車である。

る蒸気機関車がおよそ40両ほども整然と並んでいる。楊さんが言っていた通り、世界一を謳《うた》うだけのことはある。

けれども館内には人影はなく、まるで休館日であるかのようにひっそり静まり返っていた。入口に陣取る窓口氏は、気持ちよさそうに居眠りしている。そこで、「ニイハオ！」と声をかければ、途端に背筋をシャンと伸ばし、入館料の20元（約３００円）をしっかり徴収された。どうやら休館日ではなさそうだ。

客は私1人だけの完全貸し切り状態である。鉄道博物館につきものの館内を縦横無尽に飛び回るチビッコの姿もない。いつもは閉口するのだが、彼らがまるでいないことが妙に寂しい。いくら立派なものを造っても、ここに来る公共交通機関もないし、況《ま》してや国の施設の中、子供たちが気軽に遊べる場所でないのだろう。

気を取り直して展示車両を見学する。中央に鎮座するのは「毛澤東号」。1941年に日本で製造されたミカイ型蒸気機関車だ。ミカは帝《みかど》の意、イはイロハのイ。つまり天皇型の第1号機である。ということは、かつて南満洲鉄道で活躍した機関車だ。

思わずカメラを向けると窓口氏が駆け寄り撮影料を請求された。その額たるや500元(約7500円)。中国人一家の最低月収とほぼ同額ではないか。楊さんが言っていた世界一とは、撮影料のことだったのか。

DATA	
博物館名	中国鉄道博物館
運営会社	中国鉄道部
所在地	北京市朝陽区酒仙橋北路1号院北側
アクセス	403路、813路環状線鉄道駅下車、東へ600m
開館	9：00〜16：00 毎週月曜日休館
入館料	20元　撮影料500元
備考	館内には、日本製の蒸気機関車「毛澤東号」「朱徳号」の他、中国製、米国製、英国製、ベルギー製など多種多彩な機関車が整然と陳列されている。

㉘ 台湾
阿里山のシェイ

２００５年11月末、世界三大登山鉄道のひとつ阿里山《ありさん》森林鉄道にて久々に「シェイ」が走った。日本の大井川鐵道《てつどう》との姉妹鉄道19周年を記念しての復活運転である。

シェイとは米国人鉄道技師、Ｅ・シェイが発明した「シェイ式ギア蒸気機関車」の通称だが、普通の蒸気機関車では蒸気シリンダーが水平に取り付けられ、ピストンの前後動をロッド（連結棒）を介し動輪のみに伝えるところ、シェイの場合はシリンダーは垂直で、ピストンは上下に動く。それをユニバーサルジョイント（自在継手）とベベルギア（傘歯車）を介しすべての車輪を駆動するのだ。

そのシステムは非常にメカニカルであり機械好きにはたまらない。しかも、ギア付きの小さな車輪をフル回転させて走る様は、短足ダックスフントが全力疾走するかのようで実にユーモラス。このユニークなシェイが活躍したのは世界広しといえどもアメリカと台湾

シェイ式機関車の前に立つ元大井川鐵道副社長白井昭氏。
大井川と阿里山の姉妹鉄道縁組み最大の功労者である。

のみ。まさに世界遺産級の蒸気機関車なのである。

一方、大井川鐵道は日本の蒸気機関車保存のパイオニアであり、今も6両の蒸気機関車が活躍している。旧国鉄が蒸気機関車を全廃したのは30年ほど前だが、大井川鐵道ではそれ以前から「蒸気機関車は偉大なる文化遺産」と位置づけ積極的に保存に努めてきた。中心となった人物が当時副社長の要職にあった白井昭《あきら》氏である。

やはり蒸気機関車を保存する阿里山森林鉄道との姉妹鉄道提携もまた白井氏の尽力によるもの。今回のシェイ復活運転には白井氏を団長に多くの有志が駆けつけた。私もその1人である。いつお会いしても矍鑠《かくしやく》たる白井氏だが、復活したシェイを見つめるその眼は潤んでいた。

さて、阿里山森林鉄道は、嘉義《かぎ》―阿里山、71kmの間に標高差2186メートルを駆け上る世界でも屈指の登山鉄道である。

その間、車窓風景は熱帯林から暖帯林、さらに温帯林へと変化していく。三つの植物分布圏を通過する鉄道は世界でも例をみない。加えて蒸気機関車シェイが動態保存される魅力的な鉄道だ。

けれども、阿里山森林鉄道が世界遺産に登録される可能性は非常に少ない。いわゆる二つの中国問題により台湾はユネスコに加盟できないからだ。大切なものを後世に残す趣旨の世界遺産こそ、スポーツと同様に政治の垣根を取り払うべきではなかろうか。

DATA			
鉄道名	阿里山森林鉄路		
運営会社	農業委員会林務局		
運行区間	嘉義～阿里山、他に支線あり	走行距離	71.4km
軌間	762mm	所要時間	約3時間30分
運行本数	1日1往復		
備考	シェイ式蒸気機関車は1両も廃車されることなく公園や駅などに保存されいる。その中でも3両が動態保存機として復元され、内1両は石炭からオイル焚きに改造された。		
URL	http://railway.forest.gov.tw/		

㉙ 香港
世界唯一の2階建てトラム

香港で一番楽しいことは何だろう。中華料理？ ショッピング？ 私の場合は断然、乗り物だ。道路には人力車、的士《タクシー》、巴士《バス》、市電《トラム》が走り、海上には天星小輪《スターフェリー》を筆頭に手漕ぎの小舟《サンパン》、帆掛け舟《ジャンク》。マカオ行き飛翼船《ハイドロ》、飛翔船《ホバークラフト》、噴射船《ジェット》など低、高速船がひしめく。鉄道では中国大陸へと向かう九広《きゅうこう》鉄路、海底を走る地鉄《地下鉄》、郊外の軽鉄《LRT》先峰、さらに映画「慕情」の舞台となったビクトリア・ピークへは山頂纜車《ピークトラム》がご案内と、およそ日本にあって香港にない乗り物は新幹線ぐらいであろう。もっとも、狭い香港に新幹線の必要はないが。

いずれにせよ世界一の乗り物天国は、香港で間違いあるまい。その中で、私がもっとも楽しみにしているのが世界唯一の2階建て路面電車である。

正式名は「香港電車有限公司」だが、市民からは「トラム」、年配の人たちからは広東

新鮮な魚介類が並ぶ香港市民の台所、北角市場をトラムがソロリソロリと走る。ここでは電車より商売優先だ。

語で「電車《ディンチェー》」と呼ばれ親しまれている。

私のお気に入りコースは、まず九龍サイドから天星小輪に乗って香港島に渡る。対岸に林立する摩天楼が目前まで迫って下船すれば、正面の香港上海銀行、通称「蟹《かに》ビル」前の徳輔道がトラムの乗り場だ。

電停に立てば、次から次へとトラムはやって来る。でもすぐには乗らない。私が乗りたいのは「北角《バッコ》」行き。よし来たぞ。停まるや否や飛び乗って、一気に階段を駆け上がり２階席へ。なんたって２階は眺望抜群の展望席。繁華な大通りを見下ろし、頭上のネオンサインすれすれに走る気分は最高だ。これで運賃２香港ドル（約30円）だからやめられない。

やがてトラムは、三越、松坂屋など、デパ

ート立ち並ぶ銅鑼《どら》湾の大通りから北角道に突入する。その瞬間、電車の前は人波と露店に埋め尽くされ、線路が消え失《う》せた。何度乗ってもここはすごい。エネルギッシュな庶民の青空市場だ。ここではトラムも遠慮して最徐行で進む。それを私は2階の特等席から、まさに高みの見物だ。

夜の香港島を駆け巡るダブルデッカー。
開け放たれた窓からの夜風がまた最高だ。

DATA			
鉄道名	香港トラム		
運営会社	香港電車有限公司		
運行区間	堅尼地城〜筲湾　他	走行距離	16.3km
軌　間	1067mm	所要時間	約40分
運行本数	6：00〜深夜1：00　頻発		
備　考	2階の一番前の展望特等席を確実にゲットする方法は始発電停でイの一番に乗ることがベスト。本当の終点まで行かずとも、北角など途中にも折り返しの始発電停はある。		
URL	http://www.hkta.org/japan/		

㉚ 韓国
ハングル酔い列車

今ではブームの域を越えて、完全に定着した「韓流《ハンリユウ》」である。書店には韓国人タレントが表紙を飾る雑誌が多数並び、レンタルビデオ店には韓国映画・ドラマコーナーもできた。

一方わが家のリビングには、昨年までは私のお気に入り「世界の車窓から」のカレンダーが掛けられていたが、今年はその定位置を「冬ソナ」カレンダーに奪われてしまった。8月のカレンダーながら、なんと絵柄は雪景色だ。ずいぶん季節外れと思いきや、12ヵ月分すべてが雪景色。なるほど「冬ソナ」である。

文句ばかり言うと愚妻を含めた世の女性陣に猛反発を食らいそうなので、この辺にしておくが、実は私は韓流ブーム以前から密《ひそ》かに韓国語を勉強していた。

なぜなら、今から30年以上も前、初めて行った戒厳令下の韓国でハングル文字が読めない、書けない、話せないという三重苦を痛いほど味わったからだ。いわゆるハングル酔い

ソウル駅の時刻表。ＫＴＸ（韓国高速列車）以外はすべてハングル文字。

日本統治時代に竣工した煉瓦造りの旧ソウル駅。博物館として開館する。

である。

今でこそ、超特急「ＫＴＸ」の車内では日本語のアナウンスもあるし、ソウルや釜山《プサン》など主要駅には日本語対応の窓口もある。けれども当時はなかった。日本語はもちろん、英語も通じない田舎駅で途方に暮れたものである。そこで帰国後勉強したというわけだが、その甲斐《かい》あってか、ゆっくりとならハングル文字が読み書きできるようになった。

一見、複雑な記号に映るハングル文字だが、実際には10の母音と14の子音との、ローマ字方式の組み合わせで、基本の24文字さえ覚えればいい。

一方、日本語は、平仮名もカタカナも、文字の形がまったく異なる五十音をすべて覚えなければならないので、ハングルの方がはるかに合理的かつ易しいのである。

写真はソウル駅の時刻表だが、ＫＴＸ（超特急）以外は列車名も行き先もすべてハングル表記。これが読めないと自由自在には乗れない。けれども一旦《いったん》読めるようになると実に面白い。平仮名を覚えたばかりの幼児の気分である。

しかも文法は日本語とほぼ同じなので文字さえ覚えたら作文も会話も簡単だ。

「セマウルホー、ソウルカジ、イルバンシル、ハナ、ジュセヨ！」

「セマウル号でソウルまで一般室（普通車）1枚ください」

というわけだ。

今ではハングル文字に心地《ここち》好《よ》く酔っている。

DATA			
列車名	ＫＴＸ		
運営会社	韓国鉄道公社		
運行区間	ソウル〜釜山　他	走行距離	409㎞
軌　間	1435㎜	所要時間	約2時間30分
運行本数	1日36往復		
備　考	ＫＴＸはフランスのＴＧＶがベース。そのため座席は固定式で向きが変わらない。ところが韓国では後ろ向き座席が不評で、ついに後ろ向き席の値下げに踏み切った。		
ＵＲＬ	http://www.korail.com/		

オセアニア編

太平洋
㉜キュランダ・シーニック鉄道
オーストラリア
タスマン海
㉛オークランド・交通博物館
ニュージーランド

㉛ ニュージーランド
犬釘

これまで世界83ヵ国の鉄道に乗り、撮影してきた私だが、その経験からも日本の列車ダイヤは世界一正確と断言できる。

つまり海外の列車はよく遅れるのだ。10分、20分は当たり前。時には１、２時間。メキシコでは理由なく11時間も遅れたことがあった。

列車の撮影も、日本ならほとんど定刻通りに通過するので待つこともないが、海外では延々待ち続けることもしばしばである。いつ来るか分からないだけに、一瞬たりとも線路から離れることはできない。

そんな時、自然に目に入るのが線路である。レールが２本（例外もあるが）ということまでは万国共通だが、レールを固定する枕木には、文字通り木もあれば、コンクリートあり、鉄もありで、お国ぶりや土地柄を反映して興味深い。

オークランドにて入手した犬の顔をした犬釘。

ところで日本では、線路にまつわることに「犬」がつく鉄道用語が二つある。「犬走り」（いぬばしり）と、「犬釘」（いぬくぎ）である。

犬走りとは、線路横の狭い保線用通路のことだが、おそらく「築地の外壁と溝との間の狭長な空地」（広辞苑）から転じたものであろう。それこそ犬1匹しか通れないほど狭い。

一方、犬釘とはレールを枕木に取り付ける釘のことだが、こちらは犬と何の関係があるのだろうか。子供のころ「犬に似ているから」と教えられたが、似ているとは思えなかった。

ところがである。先年、ニュージーランド旅行中に立ち寄った、オークランドの交通博物館にて、私はウィンドーの中の犬釘に、まさに釘付けとなってしまった。

犬釘の頭部が、ビーグル犬かテリア犬か、耳の垂れた犬の横顔にそっくりだったからだ。そしてそこには、「ドッグ・スパイク」と記されていた。犬走りは日本語だが、犬釘は英語の直訳だったわけだ。

ニュージーランドの鉄道はJR在来線と同じ線路幅1067ミリの狭軌鉄道。日本とほぼ同時期に英国の技術によって建設されたので似通っている部分も多い。よもや同じ犬釘が日本にも残されているのではと、帰国後、交通博物館に問い合わせたところ、

「現在は頭部が小判形ですが、かつては日本でも犬顔の犬釘が使われていました。残念ながらそれは保存されていませんが」とのこと。

それは柴犬《しばいぬ》や秋田犬など、日本犬の顔をした犬釘だったのだろうか？

キングストン駅を発車する
キングストン・フライヤー号。

DATA			
列車名	キングストン・フライヤー号		
運営会社	Kingston Railway Station		
運行区間	キングストン～フェアライト	走行距離	14㎞
軌間	1067㎜	所要時間	約30分
運行本数	10月～4月、1日2往復　クリスマスは運休		
備考	キングストン・フライヤー号はニュージーランドを代表する蒸気機関車。最南端のインバカーギル駅が廃止されたため、フェアライト駅が世界最南端駅に昇格した。		
URL	http://www.kingstonflyer.co.nz/		

㉜ オーストラリア
ニシキヘビ列車

サソリ、ピラニア、ニシキヘビなど、日本には生息しない熱帯地方の動物が各地で見つかっている。その多くは持て余した飼い主が無責任にも逃がしたものだろうが、それらが生きて見つかるということは、それだけ日本の気候も熱帯に近づいたというわけだ。

動物たちに罪はないけれど、サソリもピラニアも危険極まりないだけに、くわばら、くわばらである。

ところでオーストラリアとニュージーランドとでは、どちらが好きかと問われたなら、迷うことなく「ニュージーランド！」と、即答するだろう。なぜならニュージーランドには、私がもっとも苦手とする蛇は元々いないからである。

鉄道写真の撮影では、山に登れば、密林の中にも分け入る。いい撮影ポイントが見つかったら、カメラをセットし後はひたすら列車を待ち続けるのだ。そのような状況下で蛇と

ニシキヘビのアボリジニ・アートによってラッピングされたキュランダ・シーニック鉄道のディーゼル機関車。

出くわしたことは数知れない。幸い噛《か》まれたことはないが、鎌首《かまくび》をもたげ威嚇されたことは一度ならず二度、三度。そんな時、私にできることは、なにもない。草むらに入る際には、「どうか現れないでくれ」と祈るばかりである。

オーストラリア北東部の世界遺産にも登録される熱帯雨林に沿って走るのが、「キュランダ・シーニック鉄道」。キュランダ駅にてその列車を見て、私は一抹の不安を抱いた。ディーゼル機関車の車体に描かれていたのは先住民族アボリジニのアートであり、カラフルなその絵画の題材は、なんと巨大なニシキヘビだった。ということはこの沿線にも生息しているわけだ。

撮影ポイントは決まった。レッドブラフと呼ばれる断崖絶壁を望むサトウキビ畑である。収穫の秋には3メートルにも達するサトウキビだが、オーストラリアは今は春、植えたてとあって50センチにも満たない。まるで青々とした麦畑のようだ。三脚を据えカメラをセットし準備は万端、後は列車が来るのを待つばかりである。

　と、その時、サトウキビの葉がガサガサと揺れた。まさかニシキヘビではあるまいな。けれどもその揺れは大きくSの字を描くようにして、ザザザーと私の方に近づいてくる。明らかに蛇の動きだ。しかもすこぶる巨大な。どうしようカメラを置いて逃げるしかない、と思った瞬間、ニシキヘビは顔を出し、私に向かって「ワン！」と吠《ほ》えた。

DATA			
鉄道名	キュランダ・シーニック鉄道		
運営会社	Kuranda Scenic Railway		
運行区間	ケアンズ〜キュランダ	走行距離	33㎞
軌　間	1067㎜	所要時間	1時間30分
運行本数	1日2往復、クリスマスは運休		
備　考	終点のキュランダからは熱帯雨林の上空をスカイレイルという名のロープウェイが出ている。行きはニシキヘビ列車、帰りはゴンドラというのも楽しい。		
URL	http://www.kurandascenicrailway.com.au/		

北米編

カナダ
㉝キッキングホース峠
太平洋
㉞VIAカナディアン号
㊲ケネバンク・
電車博物館
㉟ワシントン山
COG鉄道
㊳ナパバレー・
ワイン列車
アメリカ合衆国
㊴サンフランシスコ
ケーブルカー
㊱デュランゴ&
シルバートン鉄道
大西洋
メキシコ湾
メキシコ
カリブ海

㉝ カナダ　馬に蹴られた峠

カナダには二つの大陸横断鉄道がある。国営のCN（カナディアン・ナショナル）と、私鉄のCP（カナディアン・パシフィック）である。およそ30年前、私が初めてカナダを訪れた当時は、両鉄道が競うようにして、看板列車「大陸横断特急」を走らせていた。CNは「スーパー・コンチネンタル号」、CPは「カナディアン号」である。

ルートが異なるだけに、どちらに乗ろうかずいぶん迷ったものだが、結局CPに乗車した。理由は同じカナディアンロッキー越えでも、こちらの方がより標高が高い峠を通過し、車窓風景も秀逸とガイドブックに出ていたからだ。

けれども今日、CN、CPとも大陸横断特急はない。赤字により旅客列車は全廃し、両鉄道とも貨物輸送に専念することになったのだ。しかしながら、伝統の大陸横断特急の灯を消してなるものかと半官半民の旅客鉄道公社「VIA」が発足し、CPの列車名で、C

冬のキッキングホース峠を登るロッキー・マウンテニア号。ここは大陸の分水嶺であり、最大の難所でもあった。

Nルートでの運行を再開したのである。

こうなると、面白くないのは私である。なぜなら、30年前に乗った、「カナディアン号」の名が残ったことはうれしいものの、思い出のCPルートは走ってくれないからだ。

ところがである。カナダにも私と同じ考えの人がいたようで、CPルートに別の列車が登場した。その名は「ロッキー・マウンテニア号」。通常は4月〜10月の夏季運行だが、12月には「クリスマス・エクスプレス」として臨時運転される。喜び勇んで乗車してみれば、展望車や食堂車を連ねた豪華列車である。だが寝台車はない。その理由はカナダの美しい車窓風景は、すべて昼間見てほしいという、「ロッキー・マウンテニア・レイル・ツアーズ」の方針なのだ。

では、バンクーバー――バンフ間はおよそ900㎞。どうしても夜行区間が生じる距離だがどうするのか？　それは、バンクーバーを朝発車し、ちょうど日が暮れるころ到着するカムループスにて列車は停泊、乗客はホテルへ、という、まさにツアー列車なのだ。

バンクーバーを発車して2日目の朝、いよいよハイライトのロッキー越えに差しかかった。列車は右に左にカーブを切りながら、螺《ら》旋《せん》状のスパイラル線を登る。ここが大陸の分《ぶん》水嶺《すいれい》キッキングホース峠だ。

「馬に蹴《け》られた峠」とは、なんてユーモラスなのだろうと思いきや、その昔、英国の探検家ジェームズ・ヘクターがこの峠で馬に蹴ら

クリスマスの飾りが施されたゴールドリーフ展望車にて
グラスを掲げるドイツ人観光客。階下は食堂車である。

れたことに由来する。ヘクター氏は長いこと気絶し、危うく埋葬されかかったそうだが、その腹いせからか英国には「この峠に鉄道を敷設することは不可能」と打電している。

それから四半世紀後、多くの苦難を乗り越えて、カナダ初のＣＰ大陸横断鉄道は開通した。そして今、「ロッキー・マウンテニア号」によって再び、キッキングホース峠の旅が味わえるのである。

キッキングホース手前のフィールド駅にてウォーミングアップ中のＤＬ。

DATA			
列車名	ロッキー・マウンテニア号		
運営会社	Rocky Mountaineer Vacations		
運行区間	バンクーバー〜バンフ　他	走行距離	905㎞
軌間	1435㎜	所要時間	1泊2日
運行本数	6〜10月のピークシーズンは週3往復、オフは1往復		
備考	バンフに到着したらぜひ泊まりたいのがバンフ・スプリングズホテル。かつてのカナディアンパシフィック鉄道系で、大陸横断鉄道のグッズ＆ロゴショップは鉄道ファン垂涎。		
URL	http://www.rockymountaineer.com/		

㉞ カナダ
ドーム展望車の一夜

8月も旧盆を過ぎて下旬ともなれば、列車も航空機も宿も空いてくる。ラッキーなことにピーク時の4分の1という格安航空券が入手できたのでカナダ西海岸のバンクーバーに飛んだ。

ただし、お目当ての列車、「カナディアン号」の寝台は満員で、日本を発つ前には予約できなかった。心配だったが、格安航空券は変更不可。努めて「何とかなるさ」と気楽に考え成田を飛び立った。

ところがである。バンクーバー空港から直行した、パシフィック中央駅のカウンターに座る中年女性は、「今日はスリーパー（寝台）もコーチ（座席）も満員。来週の便ならまだ空いているけど、どうする？」

「じゃ、来週の便を……」と、言いかけて慌てた。なぜなら私の航空券は1週間の往復券。

ステンレスボディのドーム展望車は大陸横断列車カナディアン号のシンボル。けれども夜はことのほか冷え込む。

その日に帰国しなければいけないのだ。ああ、格安航空券なんて買わなければよかった。

「で、どうするの。来週のコーチ？　スリーパー？」

畳みかける彼女に私は、「来週は日本に帰るから駄目なんだ。ぜひ今日乗りたい。キャンセル待ちは？」

と懇願した。結局、発車の2時間前にもう一度来てみて、ということになった。してその結果は、

「スリーパーはやはり満室よ。コーチなら1席だけ空いてるわ。でもバッドシートよ。それでもいい？」

コーチとは2等座席のこと。けれども欧米人用だけにシートは大きく、リクライニング

角度も十分で日本のグリーン車並みだ。もちろん寝台の快適さには及ぶべくもないが、もとより格安航空券の私に選択の余地などなかった。

かくして17時30分、「カナディアン号」は発車した。私のコーチ席は他のすべての席が進行方向向きなのに対して、なんと後ろ向き。しかもリクライニングもしない。なるほどバッドシートだ。これでは眠れたものではない。

ということで、どこかに空席はないかと探してみれば、パブリックのドーム展望車ががら空きだ。天井までガラス張りだけに、月も満天の星空もよく見える。これはいいと横になったが、その夜半、あまりの寒さに飛び起きた。8月とはいえ、ロッキー山中は冷え込む上ドーム展望車はガラス張りだけに寒い。結局翌朝は、「ヘックショイ！」と、夏風邪をひく始末。格安航空券に目が眩《くら》んだばかりに。

ドーム展望車より望む大パノラマ。大陸ならではの地平線の彼方までの眺望が堪能できる。

なお、このドーム展望車を含めた「カナディアン号」の編成は1950年代に製造されたヘリテイジカーであり、アールデコ様式など当時のエレガントさを今に伝えている。一方、アメリカ合衆国では大陸横断列車を含む全長距離列車がいずれも新型車両にチェンジしてしまっただけに、古き佳《よ》き時代の大陸横断列車の旅が満喫できる唯一の列車が「カナディアン号」と言えよう。

最後尾の車両はパークカーが正式名。１階にはラウンジがあり２階がドーム展望車である。

DATA			
列車名	カナディアン号		
運営会社	ＶＩＡ　Rail Canada		
運行区間	バンクーバー〜トロント	走行距離	4466km
軌間	1435mm	所要時間	71時間30分（３泊４日）
運行本数	週３往復		
備考	カナディアン号が始発駅を発車する瞬間、私はいつもパークカーにてスタートの興奮を味わうことにしている。嬉しいことにウエルカム・シャンパンも用意されているのだ。		
ＵＲＬ	http://www.viarail.ca/		

㉟ アメリカ ワシントン山COG鉄道

「COG（コグ）って何のことだろう？」「まさか自分で〝漕ぐ〟鉄道じゃないだろうな」アメリカは東海岸のボストンへと向かう機内で、私はあれこれ想像をめぐらしていた。ボストンの北およそ250㎞に位置するのがニューハンプシャー州の最高峰ワシントン山（1917メートル）で、その山麓と山頂とを結ぶ登山鉄道が、「Mt．WASHINGTON COG RAILWAY」である。

登山鉄道といえばスイスが本場である。日本の九州ほどの小さな国土に27の登山鉄道が走っている。それだけにあまり知られていないことだが、この鉄道こそ、今から140年近く前の1869年に開通した世界初の登山鉄道なのだ。それにもかかわらず私は、COGという言葉をまるで知らなかった。

ボストン空港からはレンタカーでワシントン山へと向かう。鉄道に乗るために、車を運

ワシントン山頂目指し力走する２号機関車カンカマガス号。ニューハンプシャーの工場にて1873年に製造された。

転しなければならないとは、少なからず抵抗を覚えるが、車社会の現代アメリカでは当たり前のことで、車がないとどこにも行けない国なのだ。けれどもかつてはボストンからワシントン山まで鉄道が通じていた。車が鉄道を潰《つぶ》したのである。日本もそうならないことを願うばかりである。

さて、ボストンからハンドルを握ること５時間余り、ようやく山麓駅のマーシュフィールドに到着した。駅前広場には、機関車のギアであろうか使い古した歯車のモニュメントが並んでいる。そして線路はと見れば、２本のレールの間に梯子《はしご》型のラックレールが敷設されている。それに機関車の歯車を噛み合わせて急勾配を登るシステムだ。

と、その時、歯車に取り付けられた解説板が目に入った。そこには「COG」と記されていた。コグとは、ずばり、歯車のことだったのだ。目からウロコである。ということは「ワシントン山〝歯車〟鉄道」が正しい和訳というわけだ。

「ポヒィー！」

蒸気機関車がハスキーな汽笛を鳴らすとコグ鉄道は発車した。勾配は最大1000分の374、つまり1000メートル進む間に374メートル上昇する急勾配だ。

山麓駅を発車し30分ほどで、それまで視界をさえぎっていた樹木が消え岩場となった。森林限界を超えたのである。同時に眼下には大パノラマが広がり、頭上にはワシントン山頂が現れた。まさに絶景である。その時初めて、ここに世界初の登山鉄道が建設された理由がわかった。この絶景を見せるために。

DATA			
鉄道名	ワシントン山登山鉄道		
運営会社	Mt.Washington Cog Railway		
運行区間	ベース（麓）～サミット（山頂）	走行距離	4.5km
軌間	1397mm	所要時間	往復3時間
運行本数	1日2～9往復、季節により途中駅にて折り返す		
備考	世界初の登山鉄道だけあって、メカニズムのすべてがユニーク。ことにブレーキマンが列車から飛び降りて行うポイントの組み立て式転換や、ブレーキの操作などは必見である。		
URL	http://www.thecog.ie		

これが「ＣＯＧ」という名の歯車。登山鉄道の本場スイスより２年早く実用化したのだ。

張り上げ屋根の車内。古い車両だけに走り出すと天井がユッサユッサと音を奏で揺れる。

アメリカ

㊱ ゴールドラッシュ鉄道

日本ではまだ暑い盛りの9月だというのに、コロラド州を走る「デュランゴ&シルバートン鉄道」の沿線は早くも紅葉に彩られていた。

一般的に海外では、日本とは異なり黄葉が多いと言われる。けれども、どうしてどうして、紅色と黄色とが混在しなかなかの風情だ。そこで日本よりも一足お先に「紅葉列車」の旅を楽しむことにする。

ここコロラド州は州都のデンバーで北緯39度、盛岡や秋田とほぼ同緯度ながら、デンバーは「1マイル・シティ」と呼ばれるように標高1600メートルの高原に位置する。ましてやデュランゴは標高2000メートル、それゆえ紅葉も早いというわけだ。

朝8時15分、蒸気機関車の勇壮な汽笛がデュランゴの町に響き渡る。シルバートン行き一番列車の発車の合図だ。

「ここから見える全部の山から銀が取れたのよ」と一回転しながら教えてくれたシルバートン駅の女性駅員さん。

蒸気機関車は１９２５年生まれというから80歳を越えるお爺《じい》ちゃん機関車である。その後ろにはこれまたアンティークな木造客車を10両も連ねている。その車内はいずれも満員の大盛況。大変な人気である。

それもそのはず。デュランゴとシルバートンとの間には急流で知られるアニマス川が寄り添う。その流れは峡谷を織り成し、列車は断崖絶壁を縫って進む。いかにもアメリカ人好みのロケーションではないか。

デュランゴを発車して30分、いよいよくだんの峡谷に差しかかった。水面までの落差は１２０メートル。まさに目も眩む断崖絶壁だ。多くの乗客たちが窓から身を乗り出し、奈落《ならく》の底にカメラを向ける。私とて同様である。

と、その時、車掌のアナウンスが流れた。

「ここは、その昔、列車が川底に転落した場所です」

「オウ、マイ、ゴッド！」

と、同時に身を乗り出していた乗客全員が後ずさりし山側へと移動する。恥ずかしながら私も同じこと。

かくてハラハラドキドキのアニマス峡谷を通過した列車は、デュランゴから3時間余りで終点のシルバートン駅に到着となった。シルバートンの名が物語っているように、ここはかつてゴールドラッシュで栄えた村である。

西部劇そのままのシルバートンの女性駅員に、どこが銀山だったのかと聞けば、彼女はフリルのついたスカートを手に1回転しつつ、

「ここから見える全部の山から銀が取れたのよ」

と、笑った。ゴールドラッシュの夢の跡である。

DATA			
鉄道名	デュランゴ＆シルバートン鉄道		
運営会社	Durango & Silverton Narrow Gauge Railroad		
運行区間	デュランゴ〜シルバートン	走行距離	72.3km
軌間	914mm	所要時間	3時間30分
運行本数	1日1〜4往復		
備考	断崖絶壁の絶景ポイントには「立入禁止」の看板はあるが、そこには「撮影目的の場合は自分の責任でどうぞ」と付記されている。何もかも禁止の国とは大違いの配慮だ。		
URL	http://www.durangotrain.com/		

㊲ アメリカ 世界一の電車コレクション

「それはメーン州さ。95号線を北に100マイルだよ」

と、ボストンのガソリンスタンドの兄ちゃんは言った。だが私の頭の中の地図に、そんな州は記されていなかった。全米には50州もある。一つや二つ知らなくてもいいじゃないかと思ったが、メーン州の由来となったmain《メーン》とは「主要」を意味する。主要なる州について何の知識もないとはお恥ずかしい。

とにかく、ガソリンスタンドの彼に教えられた通り、95号線を北上し、マサチューセッツ州、ニューハンプシャー州と二つの州境を越えた。この先が未知のメーン州である。私が目ざしているのは同州最大の都市ポートランド近郊のケネバンクにある電車博物館だ。

実はポートランドと聞いて「なんだ、前に行ったことあるじゃないか」と早合点したが、それはオレゴン州のポートランド。同じポートランドでも、片や太平洋岸、こちらは大西

250両を超える路面電車が大切に保存されている世界最大の電車コレクション、シーショア・トロリー博物館。

洋岸の港町である。

ちなみにメーン州の州都はオーガスタだが、それとてゴルフのマスターズ・トーナメントが行われるオーガスタは南部のジョージア州なのだ。かように予備知識のまるでない地を訪問するのは、心細いものである。

けれどもケネバンクに到着して私は驚いた。美しいビーチには豪邸が建ち並び、一歩、海岸を離れ森の中を行けば、樹間からは、やはり豪邸が見え隠れしている。あたかも葉山《はやま》と軽井沢とが同居したかのようである。それもそのはず、ここには全米の著名人の別荘があるという。あのブッシュ大統領の別荘も。

別荘には縁も用もない私は、豪邸群を一瞥《いちべつ》しただけで「シーショア・トロリー博物館」

を訪ねた。和訳すれば「海辺の路面電車博物館」である。驚くべきことに、ここには全米のみならず世界各地の路面電車が２５０両以上も保存されていた。電車のコレクション世界一というわけだ。

私が日本から来たことを告げると、館長らしき人物が「ちょっと見せたいものがある」と、普段は公開していない車庫の中に案内してくれた。そこには１９６０年まで、長崎で活躍していた木造の路面電車が大切に保管されていた。長崎電軌の木造単車である。館長さんが紐《ひも》を引くと「チンチン！」と懐かしい音を奏でた。昭和30年代の音だった。

館長さん自ら案内してくれた
長崎電気軌道の木造単車134号。

DATA	
博物館名	シーショア・トロリー博物館
運営会社	Seashore Trolley Museum
所在地	メーン州ケネバンクポート、ログキャビンロード195
アクセス	ボストンよりアムトラックでポートランドへ。ケネバンクは駅へ南約30ｋｍ、公共交通がないのでレンタカー利用。
開館	５月～10月、他の季節は閉館もしくは週末のみオープン
入館料	入館は無料だが、動態保存されている電車（往復25分）に乗車の際は乗車料金が必要となる。
備考	我々日本人にとって興味の的はやはり長崎電気軌道の134号電車。思えば今もなお長崎電軌の運賃は一律100円を護っている。物価を考慮すれば長崎が世界一安いかも。

㊳ アメリカ
ワイン列車

サンフランシスコからレンタカーで北上すること1時間、いつしか一面のぶどう畑が広がっていた。ここが全米一のワイン生産量を誇るナパバレー、ソノマバレーである。ナパとソノマ、隣接する二つの谷を合わせると醸造所だけでも400を数え、その生産量はカリフォルニアワインの実に90%を占めるというから驚きだ。

このワイン街道を走る列車がある。その名は、「ナパバレー・ワイン・トレイン」。なんとも美味《うま》そうな列車名ではないか。そこで始発のナパ駅から乗ることにしたのだが、超人気列車とあって予約がなかなか取れない。ランチ列車もディナー列車も満員で、午前10時発のブランチ列車にわずかに空席があるという。そこで早起きし、車を飛ばして来たのである。

ところで列車好きの私がなぜ、レンタカーで来たのかといえば、ナパ駅まで鉄道はもち

ワイン列車名物のワインテイスティングカー。ここでは
200種類を超えるカリフォルニアワインが試飲できる。

ろん、他の交通機関もないからである。列車に乗るために、車を運転するというのも自動車社会アメリカの現実なのである。

「ハロー、グッデー！」

列車に乗り込むやいなや、エプロン姿のクルーに挨拶《あいさつ》される。続いて、

「ウッデュー、ライク、シャンペン？」

と、グラスになみなみ琥珀《こはく》色の液体を注いでくれる。時刻は朝の10時前、こんな時間からシャンペンとは気が引けるが、これがワイン列車の流儀とあっては致し方ない。ありがたく飲み干す。

続いてスクランブルドエッグ＆ベーコンの朝食がセットされ、さらに二つグラスには赤と白のワインが満たされた。朝食にワインの

取り合わせがミスマッチの感なきにしもだが、アメリカの小《お》原庄助《はらしょうすけ》さんになったつもりでありがたく飲み干す。

連綿と続くぶどう畑の中を走ること1時間半、終点のセントヘレナ駅に到着する。ここで折り返しである。その間に朝食も終え、後はナパに戻るばかりだが、復路はバーカーにてワインのテイスティングが行われるそうだ。行ってみれば、なんと200種類ものカリフォルニア・ワインが用意されていた。これまた狂喜乱舞である。

いい加減酔っぱらったところで、私はある重大なことを思い出した。それは、サンフランシスコからここまで車で来ていたことを。

ワイン列車のディーゼル機関車は
アルコのドッグノーズ（犬の顔）。

DATA			
列車名	ナパバレー・ワイン・トレイン		
運営会社	Napa Valley Wine Train		
運行区間	ナパ〜セントヘレナ	走行距離	31km
軌間	1435mm	所要時間	往復3時間
運行本数	1日2往復、土休日は3往復		
備考	先頭に立つディーゼル機関車は、かつてカナダの大陸横断特急を牽引したアルコ社製のＰＡ－ＰＢ型。ブルドッグの顔にも似たユーモラスな機関車である。		
ＵＲＬ	http://winetrain.com/jp/		

㊴ アメリカ
世界唯一の路面ケーブルカー

坂の街、サンフランシスコ名物といえば、なんたって「ケーブルカー」である。ケーブルカー自体は珍しいものではないが、こと道路を走る路面ケーブルカーとなると、世界広しといえどもサンフランシスコが唯一。

では、さっそく乗りに行こう。目ざすは3路線中の1番人気「パウエル＆ハイド線」である。

ダウンタウンきっての繁華街パウエル通りのケーブルカー乗り場に立つ。

「カカッカ、カッカン！　カカッカ、カッカン！」

リズミカルなゴングの音とともにケーブルカーがやってきた。ここまでの客を降ろすや、ターンテーブルに載って方向転換。なんとこの作業すべて人力だ。それもそのはず開業は1873年、135年も前のこと。

漢字の看板が幅を利かすチャイナタウンを行くパウエル＆メイソン線。ステップでの立ち乗りが気分も最高だ。

けれども、順風満帆で今日に至ったわけではない。かつてはニューヨークにもロサンゼルスにもケーブルカーはあったが時代遅れという理由で廃止された。サンフランシスコも何度も廃止の危機に瀕《ひん》してきたが、その度に市民が立ち上がり廃止を断固阻止してきた。市民が守り抜いた愛すべきケーブルカーなのである。

ケーブルカーの一番前の座席をゲットする。二番目だっていいじゃないかと思われるだろうが、サンフランシスコのケーブルカーに限っては眺望がきくのは一番前のみ。なぜなら、ステップへの立ち乗りもOKだから、せっかく座っても、目の前に立たれたのでは何も見えなくなってしまうからだ。

車掌（ブレーキマン）の「発車オーライ」の合図を受けると、運転手は、「カカッカ、カッカン！　カカッカ、カッカン！」とゴングを軽快に奏で、巨大なレバーをぐいっと引いて発進させた。道路の下を走るケーブルをガッチリとグリップさせることから運転手は「グリップマン」と呼ばれ親しまれている。

運転手は通称グリップマン。ケーブルをキャッチしたり放したり。

ビルの谷間を抜けると急な登り坂に突入した。前方の道路が壁のように立ちはだかって見える。だが、グリップマンがレバーを引くとケーブルカーはぐいぐい急坂を登りはじめた。スピードは時速９・55マイル（約15㎞）。普通の鉄道なら上り勾配では速度が落ちるものだがケーブルカーは変わらない。足下を走るケーブルが、常に9・55マイルのスピードで動いているからである。

　坂を登り詰めるとそこはノブヒル。眼下に青い海が見える。監獄島アルカトラズが浮かぶサンフランシスコ湾だ。さあ、あとは海岸通りまで一気に駆け降りるだけ。終点のフィッシャーマンズ・ワーフでは、美味なるシーフードが待っている。

チャイナタウン界隈の電停ポストは漢字もしっかり併記されている。

DATA			
鉄道名	サンフランシスコ・ケーブルカー		
運営会社	San Francisco Municipal Transportation		
運行区間	パウエル&ハイド線など市内3路線	走行距離	3.7km(パウエル&ハイド線)
軌間	1067mm	所要時間	約20分
運行本数	早朝5時台から深夜0時台まで頻発		
備考	パウエル&ハイド線とメイソン線とが分岐するチャイナタウン近くの交差点に「ケーブルカー博物館」がある。実はここがパワーハウスで各路線へケーブルが送られている。		
URL	http://www.sfmta.com/cms/home/sfmta.php		

中南米編

アメリカ合衆国
メキシコ
41 メキシコシティ地下鉄
40 UFCカーサブランカ線
キューバ
カリブ海
大西洋
太平洋
ペルー
ブラジル
42 アンディアン・エクスプローラー号
44 チラデンチス駅
43 リオの登山電車
45 ブエノスアイレス地下鉄
アルゼンチン

㊵ 兌換ペソで切符3枚

キューバ

「米ドルの小額紙幣だけでノープロブレム！」

と、キューバに何度も行っている、サルサとラム酒とヘミングウェーが大好きな友人は太鼓判を押した。

それを鵜呑《うの》みにした私は、ハバナ国際空港に到着するや、両替せずにタクシーに飛び乗った。両替窓口が長蛇の列だったせいもあるが、なにしろ初めてのキューバである。いち早く首都ハバナに行きたかったからだ。

事実、空港から乗ったタクシーは割高ではあったが米ドルでＯＫだった。けれども、米ドルが使えたのはそれが最初で最後だった。なんと２００４年11月から米ドルは使えなくなっていた。

１９５９年の革命以来、キューバは社会主義を貫いている。それゆえフロリダ半島の目

マタンサス駅にて発車を待つスペイン製の電車。驚くほどボロイ電車だが、超高いパンタグラフがまたユニークウ。

と鼻の先に位置していながら米国との国交はない。しかしながら友人が言っていた通り昨年までは米ドルが流通していた。それではいかんということで「米ドル使用禁止令」が発布されたというわけだ。

その結果、外国人が使えるのは「兌《だ》換《かん》ペソ」のみ。この両替がすこぶる大変で、銀行はどこも長蛇の列。しかも数少ない兌換ペソがなくなればその場で閉店となる。挙げ句の果てには闇両替屋に引っかかり、50ドル持ち逃げされる始末。

苦労してようやく手に入れた兌換ペソだったが、これがまともに使えない。まず駅にてハバナからおよそ90㎞先のマタンサスまで片道３ペソ（約３５０円）の切符を買おうと、

10ペソ出したところ、兌換ペソの釣りが1ペソしかないから売れないという。

　それなら往復でと言ったら、帰りの切符はここでは売れないと言う。釣りはいらないと言っても首を横にふる。

「切符をくれ」「いや売れない」押し問答の末、突然、窓口氏の目が輝いた。どうやら妙案が浮かんだようだ。彼は私の10ペソ紙幣を受け取ると、片道切符3枚と釣りの1ペソを投げて寄越した。彼は満足げな笑みをたたえた。私の要求に応《こた》えられた上に出納記録もクリアする。そして私も切符3枚の必要こそなかったが大いに満足していた。

　けれども乗った列車は窓ガラスは割れ、座席のスプリングが飛び出したひどい代物だった。50年代から一切近代化されずに走り続けるとこうなってしまうのだろうか。それでも車内は指定席で私の座席は連番で3席分確保されていた。

DATA			
鉄道名	UFCカーサブランカ線		
運営会社	Union de Ferrocarriles de Cuba		
運行区間	カーサブランカ〜マタンサス	走行距離	92㎞
軌間	1435㎜	所要時間	1時間50分
運行本数	1日4〜5往復		
備考	カーサブランカ線乗車中、架線が切れるトラブルに遭遇した。もう真っ暗な夜9時のことだったが、いきなり花火大会の中に突っ込んだかのような火花に包まれ仰天した。		

㊶ メキシコ
ゴムタイヤの地下鉄

「２４０ペソ！（約２３００円）え、本当に？」

首都メキシコシティのベニト・ファレス国際空港に降り立つ。予約したホテルは都心のソカロ広場。空港からは車で30分ほどと近いので迷わずエアポートタクシーのチケット売り場に並んだのだが、カウンターに陣取るセニョールは協定料金表を指さしにべもない。

前に来たときもエアポートタクシーに乗ったはずだが、こんなに高かっただろうか。釈然としないが他にタクシーは見当たらないので仕方なく乗車した。

ところがである。メキシコシティ滞在を終え、空港へと向かったフォルクスワーゲンのタクシーはわずか42ペソ（約４００円）。

そうだ、メキシコのタクシーは元々安かったはず。ドライバーに聞いてみれば一般タクシーは空港まで乗せることはできても、空港発の営業権はないという。次からは空港出口

メキシコシティ地下鉄。ゴムタイヤだけあって急加速、急減速はお手の物。ただしゴムの焦げる匂いは頂けない。

の道路で拾ってくれと言われた。

それから1ヵ月も経たない内に、再びベニト・ファレス国際空港に降り立つ。

今度こそ5倍以上も高いエアポートタクシーなんか乗らないぞと、スーツケースを転がして空港の外へ。そこには庶民の味方、可愛らしいフォルクスワーゲンのタクシーが3台客待ちしていた。けれども私は乗らなかった。なぜならそこにメトロ（地下鉄）の入口があったからだ。

果たして運賃は2ペソ、20円にも満たない安さである。これが本来の物価というものだ。それにしても記憶もまだ新しい1ヵ月前のタクシー代、240ペソは、何だったのだろう。後になって完全にボラれていたことを知るが、もっと高い月謝を払わされた日本人は数多いそうだ。

ともあれ、そんなこともあって私のメキシコシティでの足はメトロ中心となった。この地下鉄最大の特徴はゴムタイヤが付いていること。日本では札幌地下鉄がゴムタイヤで有名だが、それとは違う。こちらは鉄のレールと鉄の車輪があるほかにゴムタイヤが付いたパリ方式だ。したがって乗り心地は鉄道そのものながら、加減速は自動車のようにクイック・レスポンス。

さらに駅名がイラスト付きというのも気に入った。例えばカテドラル駅なら大聖堂、ブエナビスタ駅なら列車のイラストだ。これならスペイン語が読めなくても楽に乗りこなせるというもの。

DATA			
鉄道名	メキシコシティ地下鉄		
運営会社	ＳＴＣ（Sistema de Transporte　Colectivo）		
運行区間	１～９号線、A、B号線の11路線	走行距離	全長約200㎞
軌　間	1435㎜		
運行本数	５時台～深夜１時台まで最短２分間隔で運行		
備　考	メキシコ国鉄の旅客列車はこの15年間でほとんど壊滅した。唯一残ったのは観光路線のチワワ太平洋鉄道のみ。その点、メキシコシティ地下鉄は元気一杯で疾駆している。		
ＵＲＬ	http://www.metro.df.gob.mx		

㊷ ペルー アンディアン・エクスプローラー

7年ぶりのペルー再訪である。それが決まった瞬間、一抹の不安が脳裏をよぎった。何が不安かと言えば、高山病である。海岸線に位置する首都リマなら問題ないが、インカ帝国の古都クスコで標高3400メートル、チチカカ湖畔のプーノで3825メートル、さらに両都市を結ぶ「ペルーレイル」の線路は、4319メートルもの高所を越える。

7年前のクスコと列車ではかなり息苦しかったものの無事だった。けれどもプーノのホテルに到着し、ビールで祝杯をあげた途端、頭痛とめまいに見舞われて酸素吸入を受けた。それはアルコールが原因で、今回は飲まなければ大丈夫と自分に言い聞かせても不安は拭《ぬぐ》いきれない。

けれども私は行かなければならない。なぜなら1999年、ペルー国鉄は民営化され、国鉄時代とは色も形も異なる列車に衣替えしたからである。日本でも同様だが、新車が登

標高4319mのラ・ラヤ峠駅に停車中のアンディアン・エクスプローラー号。同駅では上下列車とも15分停車する。

場したら撮影取材し直すのがフォトジャーナリストの使命なのである。

7年ぶりのリマのたたずまいは、以前とほとんど変わっていなかった。ただし大統領はもはやアルベルト・フジモリ氏ではない。タクシー運転手は私が日本人だと知ると「フヒモリに帰って来るように伝えてほしい」と懇願する。スペイン語ではJをHと発音するからフヒモリとなるのだが、いくら懇願されてもこればかりは致し方ない。

さらにリマから空路でクスコ入りする。すでに標高3400メートル、けれども私は以前より快調だった。翌日、クスコ発プーノ行き「アンディアン・エクスプローラー号」に乗車。展望車まで連結したピッカピカの新車である。そしてついに標高4319メートル、定期列車が走るペルー最高地点のラ・ラヤ峠駅に到着。空気が薄いことは感じられるものの、格別の息苦しさはない。以前よりすこぶる快調だ。

この7年間に体力は落ちているはずなのになぜだろう。思い当たることはただ一つ。前は85キロあった体重がダイエットに成功し今では72キロ。それだけ身体も軽く、心臓への負担も減ったのであろう。

その瞬間、日本から抱き続けてきた高山病の不安は吹き飛んでいた。2006年には、チベットのラサまで標高5000メートルを越える「青蔵鉄道」が開業する。ついにペルーを抜く世界最高所鉄道の開通である。もちろん、いの一番に乗りに行こう。

DATA			
列車名	アンディアン・エクスプローラー号		
運営会社	Perurail		
運行区間	クスコ～プーノ	走行距離	385km
軌間	1435mm	所要時間	9時間30分
運行本数	週3往復		
備考	クスコには駅が二つある。アンディアン・エクスプローラー号が発着するワンチャック駅と、マチュピチュ行きのサンペドロ駅。両鉄道はゲージが異なるので直通はできない。		
URL	http://www.orient-express.com/web/tper/tper_a2a_home.jsp		

㊸ リオの登山電車
ブラジル

「間もなくリオ・デ・ジャネイロ・ガレオン国際空港に着陸します」

成田空港を離陸し、狭い座席に縛りつけられること実に23時間余。我慢の限界もとうに越え「もう降ろしてくれ！」と絶叫したくなったころ、待望のアナウンスが流れた。

エコノミークラス症候群と時差ボケとによって疲れきってはいたが、飛行機の小さな窓に飛び込んできたリオの景観に思わず目を見張る。

複雑に入り組んだ海岸線、背後には雲を突く岩峰が迫り、その間のわずかな平地を埋めつくすビルと住宅群。なんていう都市だろう。初めて見るリオに、23時間ものフライトの疲れは一気に吹き飛んだ。

空港に降り立つと、リオのたたずまいは、ますます魅力的に見えた。しかも都市部の背後に屹立《きつりつ》する岩山の頂上にはキリスト像がある。空港から見えるのだからさぞや巨大なも

山頂のコルコバード駅に到着したリオの登山電車。この先の展望台からはリオ市内やコパカバーナが一望できる。

のに違いない。コパカバーナのホテルにスーツケースを放り込むやいなや、ビーチのビキニ美女群には目もくれず、キリスト像が立つコルコバードの丘を目ざした。

タクシーの運転手に「登山電車の駅まで」と告げると、彼は首を横に振った。

「旦那《だんな》、登山電車は2時間は待ちでっせ。タクシーなら頂上までたったの20分」

というわけだ。

コルコバードの丘は、リオを訪れる観光客が必ず登る名所中の名所。登山電車が混雑するのは当然である。けれども23時間もかけて日本から来ただけに、2時間待ちなど屁《へ》でもない。私は彼の提案をあっさり辞退し登山電車の駅でタクシーを降りた。

果たして2時間待ちは本当だった。けれどもずっと行列するわけではなく、2時間後のチケットが発券された。なかなか合理的なシステムだ。その待ち時間にお茶を飲み、サッカーグッズを買うこともできた。ここリオデジャネイロの人気チームはリオ生まれのジーコ監督が現役時代に活躍した「フラメンゴ」。

ただし、ジーコと言ってもまるで通じない。ご当地での発音は「ズィーコ」である。

かくして2時間後、登山電車は発車した。電車そのものはスイス製ながら車内にはバンドが乗り込み、サンバのリズムが流れるところはいかにもブラジルだ。急勾配を登ること20分、眼下には大西洋とリオの街並みが、そして頭上には巨大なキリスト像が現れた。けだしリオの絶景である。

DATA			
鉄道名	コルコバードの丘の登山電車		
運営会社	Trem do Corcovado		
運行区間	コズメベーリョ～コルコバード		
軌間	1000㎜	所要時間	約20分
運行本数	8：30～18：30　20分間隔		
備考	ラックレールはリッゲンバッハ式、架線はパンタグラフが並んだ三相交流方式で、ヨーロッパ初の登山鉄道として名高いリギ山登山鉄道と同じ初期のスイス方式である。		
URL	http://www.corcovado.com.br		

㊹ ブラジル
チラデンチス

「あのー、もしかして、櫻井寛さんですか？」

その声は妙齢な日本女性だった。バックパックを背負い、胸に一眼レフカメラという姿は明らかに旅行者である。

「はい、櫻井ですが」

と答えたもののどこでお会いしたか思い出せない。すると、

「まあうれしい。こんな場所でお会いできるなんて偶然ですわ。日経新聞、楽しみにしておりますのよ」

と、笑顔が返ってきた。果たして読者の方でありお母さまと南米各地を2人旅とのこと。世界中を旅していると、時としてとんでもない場所で日本人旅行者と出会うことがある。そのとんでもない場所とは、リオ・デ・ジャネイロの北およそ300kmに位置するサ

チラデンチス駅にてスティームアップ中の蒸気機関車。
その様子を線路に腰掛け眺めているのは機関士である。

ン・ジョアン・デル・ヘイの町。18世紀にゴールドラッシュで栄えたコロニアル都市である。

実は今回のブラジル旅行でサン・ジョアン・デル・ヘイ訪問はまったくの予定外のこと。本来ならリオ・デ・ジャネイロ発サンパウロ行きの豪華寝台列車に乗るはずだった。ところが来てみれば、最近では運休しているという。乗客が少なく採算が取れないからだそうだ。

けれども、「ハイそうですか」とあっさり引き下がるわけにはいかない。旅行会社に掛け

開け放たれた車窓からカメラを向ける乗客。沿線は18世紀そのままオールドタウン。どこを撮っても画になる。

合い、代わりにリオからもっとも近く、かつ確実に列車に乗れる鉄道を紹介してもらった。それがサン・ジョアン・デル・ヘイだったのである。

ところが、もっとも近いはずの彼《か》の地は遠かった。まず国内線旅客機で350km北のベロリゾンテ空港へ飛ぶ。そこからはタクシーをチャーターして150kmほど戻るのだが、それがとんでもない悪路で4時間も要したのである。それだけに私にとってサン・ジョアン・デル・ヘイは、とんでもない場所というわけだ。

しかしながら、日本の母子2人旅は、元気いっぱいであった。ここにたどり着くだけで、クタクタに疲れ果てている私とは対照的である。得てして苛酷《かこく》な条件下では、男よりも女性のほうが元気なようだ。

「ポヒー！」

ハスキーな汽笛がサン・ジョアン・デル・ヘイ駅に鳴り渡ると、チラデンチス行き蒸気機関車は発車した。この機関車、1912年生まれの95歳だけに、すこぶる遅い。12㎞の道程を40分もかかるから、時速18㎞！　そのヨタヨタとした足取りは、私もまた同様である。

DATA			
鉄道名	マリア・フマサ		
運営会社	Maria Fumaça		
運行区間	サン・ジョアン・デル・レイ～チラデンチス	走行距離	12㎞
軌間	1000㎜	所要時間	40分
運行本数	１日２往復、毎週金土日の週末のみ運行		
備考	18世紀のコロニアル様式の街並みがそのまま残るチラデンチスは町内を散歩するだけでも楽しいが、週末ともなれば開拓時代の蒸気機関車が元気に走る。		
URL	http://www.mfumaca.com.br/		

㊺ アルゼンチン
エチョ・エン・ハポン電車

首都ブエノスアイレス最大のターミナル、レティーロ駅に一歩足を踏み入れた途端、私はその寂寞《せきばく》たるたたずまいに目を見張った。大都市のターミナルならではの雑踏も喧噪もなく、シーンと静まり返っていたからだ。

本当にここが首都最大のターミナルなのだろうか？　休館日の博物館に迷い込んだのかと錯覚したほどだ。駅舎そのものは南米最大を誇る壮大なネオ・ゴシック建築だけに、生気を失った構内の姿は哀れに映った。

かつてアルゼンチンには全長４万㎞もの国鉄路線網があった。国土面積が日本の７・４倍もあるとはいえ、ＪＲ６社の２倍以上の鉄道路線を保有する南米きっての鉄道大国だったのだ。

けれども今日では全盛期の２割にも満たない６６００㎞に過ぎない。１９９７年に一気

首都ブエノスアイレスの壮大かつ薄暗い最大のターミナル、レティーロ駅に発車する日本生まれの中古電車。

に廃止されたのである。その理由が国鉄の分割州営化にあった。主に各州へ経営移管されたのだが、採算が取れないと判断した州は、情け容赦なく廃止を決めたのである。

同時にレティーロ駅もまた、長距離列車のターミナルとしての使命を終えたわけだ。

ところがである。無用の長物と化したプラットホームの先には、真新しいプラットホームがあった。そして、どこかで見たような電車が頻繁に発着しているではないか。乗客も多い。私はうれしくなってカメラを向けた。

すると背後から、

「エチョ・エン・ハポン！」

と、声がかかった。振り返れば運転士である。そしてエチョ・エン・ハポンとは、「メイド・イン・ジャパン」のこと。道理で日本の電車とよく似ているわけだ。彼はさらに、スブテ（地下鉄）に乗ってみろと言う。

果たしてスブテの電車は旧営団地下鉄丸ノ内線と、名古屋市営地下鉄東山線、名城線で活躍した中古電車だった。ことに丸ノ内線の電車は今はなき営団地下鉄のマークを付けたままだ。懐かしいやら、うれしいやら。正真正銘のエチョ・エン・ハポン電車である。

ところで、ブエノスアイレス地下鉄の開業は１９１３年と古い。開業翌年には、日本の地下鉄の父と呼ばれる早川徳次が視察に訪れている。それを参考に１９２７年、日本初の東京地下鉄道が上野―浅草間に開業した。今日の東京メトロ銀座線である。

アルゼンチンは日本からもっとも遠い国だが、身近に感じられてならなかった。

DATA			
鉄道名	ブエノスアイレス地下鉄		
運営会社	Metrovías S.A.		
運行区間	A線～E線まで５路線からなる	走行距離	全長約42㎞
軌　間	1435㎜		
運行本数	５時～23時まで、最小運転間隔は２分55秒で頻発		
備　考	今から95年前の1913年、南米初の地下鉄として開業した。当時は日本の地下鉄の父、早川徳次も視察に訪れている。そして95年後の今日、日本の地下鉄電車が走っている。		
URL	http://www.metrovias.com.ar		

㊻ 日本
大井川鐵道・黒部峡谷鉄道・新幹線

第1章では、すでに登録を果たした「ユネスコの鉄道世界遺産」を紹介し、第2章では、僭越ながら櫻井寛が推薦する「勝手ながらの鉄道世界遺産」をお届けした。そこで最後に我らが日本から、ぜひとも「ユネスコ世界遺産」に推薦したい鉄道をご紹介したい。

まずは、静岡県を走る「大井川鐵道」である。その名の通り大井川渓谷に沿って、南アルプスの山麓《さんろく》へと分け入る、全長65㎞のローカル私鉄だが、最大の特徴は蒸気機関車の運転にある。

今でこそ、ＪＲ各社も各地で蒸気機関車の復活運転を行うようになったが、蒸気機関車保存のパイオニアは大井川鐵道なのだ。

同鉄道では、旧国鉄から蒸気機関車が全廃された１９７６年以前から「鉄道は偉大なる文化遺産」と位置づけ、積極的に蒸気機関車などの動態保存に努めてきた。

日本一の急勾配1000分の90を登る大井川鐵道井川線列車。
同鉄道は蒸気機関車など鉄道文化財保存のパイオニアだ。

動態保存とは博物館のガラス張りの展示物などではなく、いつでも走ることが可能な「生きた」状態で保存すること。大井川鐵道では国内最多、6両の動態保存機を整備し、一年中、蒸気機関車を運行し続けているのである。

ところで、鉄道発祥の国英国では国家予算で多数の蒸気機関車が動態保存されている。そのことを思えば、資金が潤沢にあるとは思えないローカル私鉄が、蒸気機関車を動態保存することは並大抵のことではない。だからこそ、敬意をもって大井川鐵道を推薦したいのである。

蒸気機関車のほかにも特筆すべきことは多々ある。蒸気機関車の終点、千頭《せんず》駅から出

新山彦橋を渡る黒部峡谷鉄道のトロッコ列車。急峻な黒部のＶ字型峡谷を行く鉄道は世界的にも比類無き存在だ。

ている支線の井川線もそのひとつ。こちらはダム建設工事用に敷設されたトロッコ軌道。それだけに小型かつ野趣あふれる。大峡谷をひと跨《また》ぎする高さ１００メートルの鉄橋や、岩盤むき出しのトンネル、線路上に突然現れるカモシカなど興味は尽きない。しかも日本唯一のアプト式、日本一の急勾配１０００分の90など日本一も数多い。

続いて、日本最大のＶ字形峡谷、黒部川峡谷をさかのぼる富山県の「黒部峡谷鉄道」もぜひ推薦したい。まず黒部川は、北アルプスの中央に位置する標高２９２４メートルの鷲《わし》羽《ば》岳に源を発し、立山連峰と白馬連峰とを分かち日本海へと注ぐ全長86㎞の川である。これだけの高低差を一気に駆け降りる川は、世

初代0系こだま号を抜き去る500系のぞみ号。世界最初の高速列車となった新幹線の交通文化もぜひ推薦したい。

界でも例を見ないそうだ。その急流によって形成された急峻《きゅうしゅん》なV字谷峡谷の断崖《だんがい》絶壁に鉄道が走っている。これはもう、自然遺産と同時に文化遺産でもある。

さらに、世界の高速列車の先駆けとなった「新幹線」をぜひ文化遺産に推薦したい。思えば、欧米などでは斜陽の一途を辿《たど》るかのように思われていた時代に、鉄道を見事に復権させた立て役者であり、1964年の開業以来44年間死亡事故ゼロという安全性も、乗客1人当たりのCO_2排出量は、航空機の6分の1、自動車の9分の1という環境への優しさも、もっと称賛されるべきであると断言したい。

本書は日本経済新聞連載「世界途中下車」（２００６年４月－２００７年３月）を加筆訂正し、再編集したものです。掲載データなどは２００８年10月現在最新のものです。